新大久保に生きる人びとの生活史

多文化共生に向けた大学生による社会調査実習の軌跡

箕曲在弘－編著

明石書店

はじめに

日本の在日外国人登録者数は、３００万人を超えようとしている。日本国内居住者の40人に一人の割合となる。もちろん、実際には全国にいくつもある外国人集住地区に限れば、住民の10人に一人、５人に一人が外国籍の人びと（以下、外国人）になることもある。

今から約20年前の２０００年頃の外国人登録者数は１５０万人ほどであったのだから、この20年で約2倍になった。こうした背景には、１９８５年のプラザ合意による円高への為替レートの誘導や１９８９年の出入国管理法改正、同年の韓国の海外旅行完全自由化など、数々の政治的要因がある。こうした個々の制度変更は、決して日本に移民を呼び込むことを意図したものではなかった。

だが、制度変更の「意図せざる結果」として、日本国内に多数の外国人が住むようになった。この結果、社会のさまざまな領域で、「外国人」をめぐる問題が生まれてきている。例えば、出入国在留管理局の収容者に対する非人道的な扱いがたびたび人権団体によって非難されてきた。

日本で生まれた不法滞在者夫婦の子どもの強制送還をめぐって世論の意見が分かれたこともあった。また、技能実習生による窃盗事件や殺人事件がたびたび報道される一方、技能実習制度そのものが現代の奴隷制であると国際社会から痛烈に批判されている。

こうした外国人を取り巻く問題は、私たち多くの日本人にとって目を背けることができなくなっている。外国人労働者や日本の移民に関する一般向けの書籍の刊行点数も、この10年で明らかに増えている。しかし、対象となる外国人を日本社会にとっての「問題」として理解する前に、まずはその人たちのことを深く知る努力が必要なのではないか。

私たちの外国人一般に対する目線は、こうした報道によってつくられてしまい、私たちは彼ら・彼女らを「外国人」としてひとくくりにして、不安を掻き立てる存在とみなしがちである。だが、不安とは漠然とした分からなさによって生まれる感情だ。日本で働く外国人と接点をもち、この人たちの来日の背景や生活の実態、普段考えていることにじっくり耳を傾けてみよう。そうすることで、私たちはこうした不安を解消し、出身国や言葉は違うけれど、自分と似た部分を発見したり、思ったほど違いはないと気づいたりするはずだ。

本書は、東洋大学社会学部で2017年から2019年まで3年にわたり行ってきた「新大久保における多文化共生」をテーマとした社会調査実習の成果である。一般的に、学生の調査実習の成果を、このような形で商業出版する例はあまり多くない。それは調査の質の担保が難しいことが大きな理由である。だが、その困難を乗り越えるくらい、インタビュー対象者たちの語りを多くの人に知ってもらいたいという、編著者の強い想いがある。

本書は、新大久保に何らかの形でかかわりのある外国にルーツをもつ12人の方々が、学生に向けて語った自らの生活史を収録している。インタビューのアポ取りはたいへんな苦労があったものの、ここに紹介する12人の方々は、自分のこれまでの人生の遍歴を学生たちに伝えたいという意思をもって、インタビューに応じてくださった。

中には不慣れな日本語で何とか学生たちとやりとりしていた人もいる。流ちょうな日本語で学生との会話を楽しんでいた人もいる。こうしたやりとりを間接的に見聞きしていた私は、インタビューを引き受けていただいた方々の声を、調査実習を履修する学生だけでなく、もっと多くの人に知ってもらいたいと思うようになった。

人類学者である私は、10年以上前に東南アジアのラオスに2年弱のあいだ住んでいた。人類学者にとっての通過儀礼であるフィールドワークにとって重要なのは、ふだんの生活圏から離れて、見ず知らずの人が住んでいる共同体のなかに入り込み、その中で人びとと一緒に生活することである。短期間ではあるが、まさに日本に移り住んできた外国人と同じ感覚を共有していたわけである。

その滞在期間の中には現地の人たちの輪になかなか入れず、不安や迷い、戸惑い、憤りを抱えたこともあれば、うれしく、たのしかった出来事もあった。ラオス滞在中に、もし現地の人から、ラオスに来た理由を聞かせてほしいと言われれば、私も喜んで引き受けていただろう。

もちろん、中には答えたくない人もいるだろう。したがって、本書には、今回再度、商業出版することを告げ、許諾を得られた人の語りのみを収録している。

今日、外国人は留学生として大学のキャンパス内にたくさんいるのだから、わざわざ新大久保に出かけなくても、すぐに話が聞けるではないかと思われるかもしれない。確かに、現代の大学生たちにとって身近な外国人といえば、留学生だろう。授業のグループワークやサークル活動で一緒になることはもちろん、学外のアルバイト先で出会うこともある。したがって、大学生にとって外国人はすでに身近な友人にさえなっている。だが、こうした環境を踏まえると、留学生に対するインタビューは調査実習としての難易度が低く、あまりチャレンジングな課題にならない。私としては、もう少し身近な環境から離れて、自分の知らない世界に接するきっかけを学生たちに提供したかった。この点で、新大久保という外国人集住地区はきわめて興味深かったのである。

そもそも日本にはいくつかの外国人集住地区がある。在日コリアンが長らく住む大阪市生野区や自動車製造業に従事する外国人労働者の多い愛知県豊田市や豊橋市、元々ソニーの工場があった岐阜県美濃加茂市などが有名である。多くの場合、国籍は複数であるものの製造業に携わる労働者という点で一致している。だが、東京都新宿区の大久保地区は製造業ではなく、商業が中心の都市型の外国人集住地区である。住民の中には古くからこの地に住む日本人もいれば、20年以上住むニューカマーの韓国人、近年住みだしたベトナム人やネパール人など、在住歴が異なる多様な国籍の人びとが比較的狭い区画に集まっている。さらに、多様性は居住者だけではない。新大久保には観光客もいれば、商売人もいる。そして、第四章を読んでいただければ分かるが、飲食店ばかりでなく、不動産や新聞、フリーペーパー、学校など、その事業の種類も多様である。

こうした混沌ともいえる多様性を内包する街が新大久保なのである。この場所に住み、事業を営む人びとの話はきっと面白いに違いない。そう考えた私は、学内の留学生という身近な外国人ではなく、新大久保という混沌としたフィールドに学生を引き込むことにしたのである。

とりわけ本書では新大久保が「韓流の街」から「多文化の街」に変貌を遂げつつある様子に注目している。この15年ほど新大久保は「韓流の街」であるというイメージが、多くの人びととの中で共有されていた。1990年代以降、エスニック料理店が軒を並べるようになった大久保地区では、2000年頃に韓国系の飲食店が増加した。とりわけ2002年の日韓サッカーワールドカップ開催、2003年の「冬のソナタ」ブームが「韓流の街」というイメージを定着させる大きな転換点だったといえる。だが、そのブームは長く続かなかった。2012年の李明博大統領の竹島上陸以降の日韓関係の悪化により、韓国系の店が次々撤退していった。

こうした背景の中で、新大久保の街中には、ベトナム人やネパール人が急激に増加している。新大久保に数多くある日本語学校では、高校を出たばかりのベトナム人が日本の大学への入学を目指して日々勉学に励み、こうした人たちを相手にするベトナム料理店もこの数年で一気に増えた。一方、ネパールから来る人びとは日本で働き、十分な資金をためて自国に戻り、自分の事業を立ち上げようと夢見ている。この数年で新大久保はより多くの多国籍の人びとを包摂するようになった。もっとも、これまでも新大久保駅より西側は中国やタイ、台湾の人びとが住む多国籍エリア、駅の東側は韓国エリアだとされてきた。だが、今では東側も多国籍化しているのである。そして、今日この多様な国籍をもつ人びととの共生が課題となっている。

日本の多文化共生といえば、ファッション・フード・フェスティバルという、いわゆる3Fと呼ばれる表面的な交流ばかりに目が行きがちであり、その背景にある政治的な力関係の是正にまで関心が向かないことが批判されてきた。本書のもとになった調査実習プロジェクトは、3Fよりもう少し深く、生身の人間との交流を促す多文化共生の試みであった。これもまた一つのきっかけを与えるに過ぎないが、こうしたプロジェクトの成果を公開することで、同様の試みが各地で広まることを願う。そしてまた、外国ルーツの人びとの生活史を聞き取った学生たちが、将来、自治体や企業、NPOなど社会のさまざまな領域で多文化共生の実践者として活躍してくれることを願う。

目次

第三章　学生たちがみた新大久保　73

第一章

多国籍タウン新大久保

1　新大久保における調査実習のはじまり

「はじめに」で述べた通り、2017年4月から新大久保をフィールドとして、外国にルーツをもつ人びとの生活史を聞き取る調査実習を開始した。それまで新大久保と縁もゆかりもなかった私が、新大久保との接点をもつようになったきっかけは、自分の研究テーマであるフェアトレードに関する活動にあった。

JR山手線高田馬場駅と新大久保駅のほぼ中間地点に事務所があるオルター・トレード・ジャパン（ATJ）というフェアトレードの会社のラオスコーヒー事業に関わっていた私は、ATJの社員（当時）である名和尚毅さんから熊本学園大学で学生と一緒にフェアトレードの普及活動をしている人がいるという話を何度か聞いていた。この人こそ、私が新大久保に関わるきっかけを作った、申明直教授である。

ふだん熊本にいる申さんは、たまに仕事の関係で東京に来る。ある時、申さんは新大久保の街おこしを目的とした活動を始めるので、ATJも関わってほしいと依頼した。あいにく会社としては関われないということで、名和さんが個人的に参加することにした。そこに私も同席したのである。名和さんに声をかけていただいたというのもあるが、フェアトレードを軸とした街おこしをしたいという申さんの構想に関心をもったためだ。

東アジア市民社会論を専門とする申さんは、2013年の新大久保におけるヘイトスピーチ問題からの街の復興を目指して企画された「新大久保映画祭」の実行委員会のメンバーでもあった。2016年1月、街おこしにむけた会合に参加する前に、私は新大久保駅前の喫茶店ルノアールで初めて申さんにお会いした。

10年以上日本で大学教員をしている申さんは、A4判のコピー用紙に鉛筆でメモ書きをしながら、街づくりの構想を話してくれた。申さんは新大久保に関連する市民団体の人たちを集め、ソーシャルビジネスの勉強会を開催するつもりだという。通称「新大久保学習会」と呼ばれたこの会合は、申さんの友人である李承珉《イ・スンミン》さんが経営する新大久保語学院の一室を借りて開催することになった。学習会には、ATJと同じく新大久保に事務所のあったパルシステム（生活協同組合）や新大久保映画祭実行委員会の方々など、さまざまな立場の人びとが月一回のペースで参加した。

各自が順番に話題を持ち寄り、新大久保の街づくりについて話し合った。

残念ながら、「ソーシャルビジネスを軸とした街づくり」の話は具体化しなかった。だが、この学習会で私がとりわけ興味をもったのは、新大久保の多国籍化である。IT関連企業の経営者で、新大久保映画祭の事務局長でもあった鈴木琢磨さんによれば、今日の新大久保がこれまでの「韓流の街」から「多国籍・多文化の街」に変わりつつあるという。鈴木さんはさまざまな行政資料を用いて、新大久保の住民の中で、ネパール人やベトナム人が急激に増加しているという事実を紹介した。

もちろん、この話を聞いてすぐに調査実習のテーマにしようと思いついたわけではなかった。だが、しばらくして、私は「翌年の調査実習を新大久保で」という構想を思い描くようになった。当時の私が担当していた「社会調査および実習」という授業では、1年を通して実地において学生に社会調査の手ほどきをすることが求められていた。この授業は、(一社)社会調査協会が提供する「社会調査士」という資格取得に必要となる科目であった。

東洋大学社会学部では「社会調査および実習」という科目を20コースほど設置している。それは統計調査を行う量的研究と、直接人から話を聞いてまとめる質的研究の二つに分かれる。その中で、私は自分の専門分野との関係で質的研究を担当していた。質的研究の場合、学生が参与する特定のフィールドを開拓する必要があったのだが、これまでなかなか適切な場所を見つけることができなかった。

新大久保学習会で鈴木さんの話を聞いた後、第三次韓流ブームのおかげで韓国の大衆文化に関心のある学生が多いということに気づいた。したがって、「新大久保における多文化共生」をテーマに調査実習の授業を行えば、学生は関心をもってくれるのではないかと考えた。なおかつ東洋大学社会学部は文京区白山にキャンパスを構える。ＪＲの最寄り駅である巣鴨駅から新大久保駅までは十数分の距離だ。学生にとって大学からアクセスしやすい場所であり、金銭的にも負担が少なく、何度も訪問することができる。

「新大久保における多文化共生」が調査実習のテーマとして、ふさわしいと考えた理由は他にもある。私が当時所属していた社会文化システム学科は、国際理解や多文化共生を軸にした学びを展開している関係で、外国にルーツをもつ人たちと接点をもてる今回のテーマは、学科の学びの目的とも合致する。おまけに、近年、中国や韓国からの留学生が増えてきており、こういった学生たちにとっても新大久保は特別な場所になる。留学生と日本人学生との協働を促すという点においても、「新大久保における多文化共生」というテーマは効果的だと考えた。

とはいえ、私の専門は東南アジアのラオスをフィールドとする文化人類学である。日本の多文化共生については、まったくの素人であった。だが、社会調査実習という科目では、学生たち自らが調査の設計から報告書の執筆までの一連の過程を修得することが求められている。したがって、教員は実習のテーマについて必ずしも事前に専門知識をもっていなくてよい。教員に求められるのは、自身のフィールドワークを通して身につけてきたインタビュー対象者との接し方や調査に向かう態度を教えることであろう。そうであれば、テーマについて素人でも授業はできる。こうして、私も学生と一緒に新大久保の多文化共生について学べばよいではないかと考えるようになった。

そして、2017年1月、新大久保学習会を通して知り合った鈴木さんと連絡をとり、調査実習のカウンターパートとして協力してほしいと依頼した。鈴木さんはとても寛大な方だった。「もちろん、いいですよ」と、引き受けていただいた。いよいよ2017年4月、25人の学生を迎えて、「新大久保の多文化共生」をテーマとした調査実習がスタートした。

2 フィールドとしての新大久保

そもそも行政区画上、「新大久保」という町名は存在しない。今日「新大久保」と呼ばれているのは、JR新大久保駅を中心に、JR山手線の線路を南北の軸、大久保通りを東西の軸として広がる一帯を指し、西はJR大久保駅、東は明治通り、南は職安通りまでの地域となる。行政区画上、それは大久保1丁目と2丁目、百人町1丁目と2丁目の範囲を指す。本書では、この一帯を「大久保地区（あるいは新大久保）」と記す（図1-1）。

「新大久保」と「大久保」はともにJRの駅名であるが、それぞれは今日、異なったイメージを喚起する。大久保地区をフィールドに研究する申惠媛は、「『大久保』と『新大久保』は地理

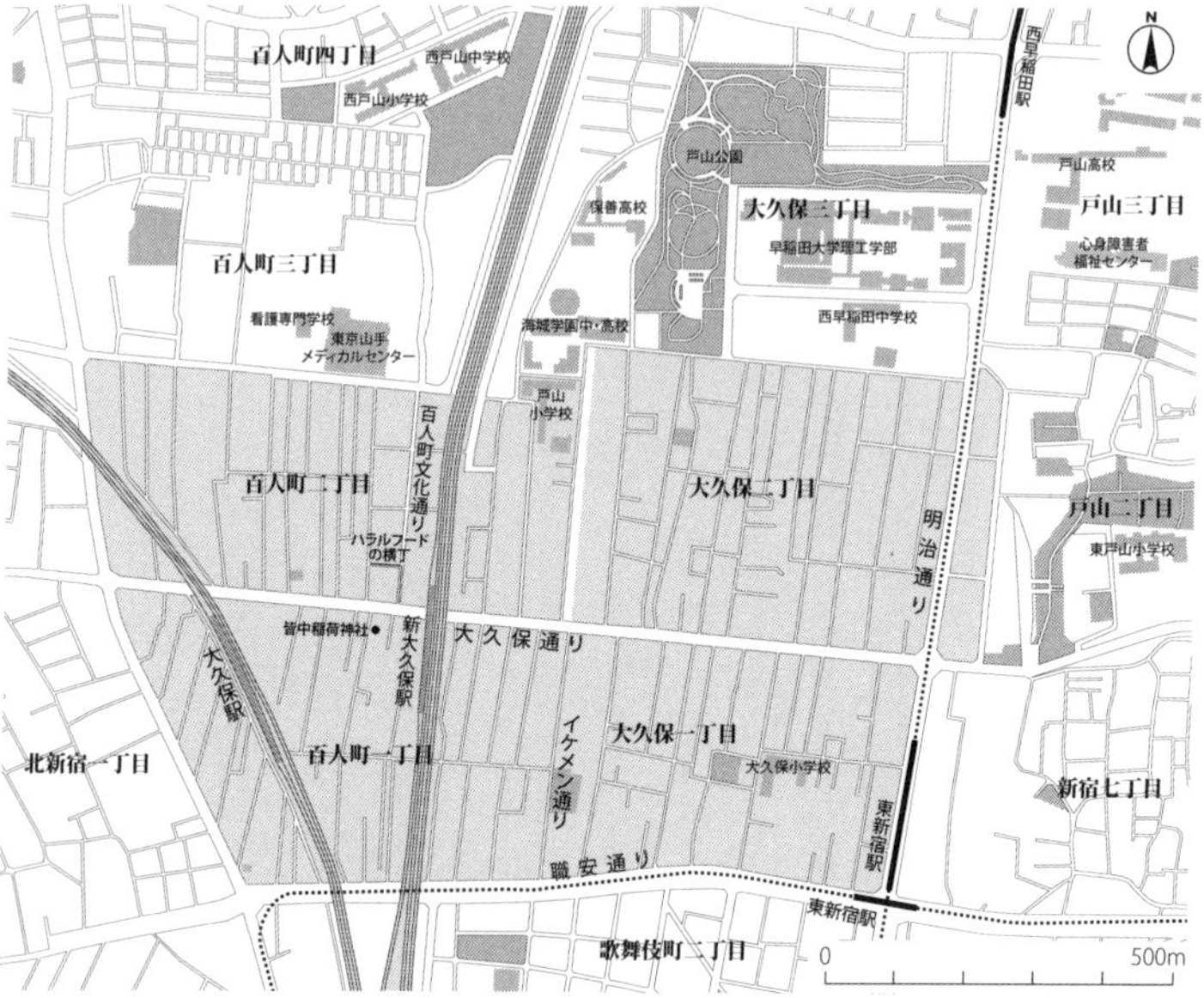

図 1-1　大久保地区の地図（（小林 2014）に加筆・修正）

的・歴史的に連続的でありながら、観光地化を経て『新大久保』が『大久保』と区別される独特なイメージを持つようになった」という（申 2016: 51)。

「大久保」は「生活空間・多文化共生の現場」として捉えられる一方、「新大久保」は「生活感を捨象した観光地のイメージ」を喚起する。このようなイメージの違いはあるものの、本書では「大久保地区」と「新大久保」はどちらも地理的な範囲を指す互換性のある概念とする。

まず、大久保地区の歴史を簡単に確認しておこう。

この一帯の南北に細い道が無数に連なる区画は、1852年（寛永5

年）の絵図にはすでに描かれおり、この頃にはすでに現在に連なる細長い短冊状の敷地が並んでいたことが指摘されている（稲葉 2008：143）。この短冊状の敷地は、御鉄砲玉薬の同心屋敷および給地であり、現在の大久保1丁目から3丁目と歌舞伎町2丁目に相当する。一方、その西側は御鉄砲百人組の大縄地が広がっている。ここは現在の百人町1丁目から3丁目および歌舞伎町1丁目に相当する。この当時から大久保通りや小滝橋通りの原型も描かれており、江戸時代から大久保地区の区画は大きく変化していないことがわかる。

また、大久保地区は当初から、その土地に住み着いた農民ではなく、他所から連れてこられた下級武士によって構成されていた。同心屋敷は、1591年（天正19年）、徳川家康の命により大筆筒組の頭に命じてこの近隣の組の者25人に与えたとされる。一方、御鉄砲百人組大縄地は、1602年（慶長7年）、家康の家臣である内藤清成が、伊賀者をこの地に定住させたことに起源がある（稲葉 2008：144）。

こうした長い歴史のある街区は、その後、さまざまな者が他所から入れ代わり立ち代わり入ってくることによって形成されていった。1895年（明治28年）には甲武鉄道（現・JR中央線）の大久保停車場が、1914年（大正3年）には山手線の新大久保駅が誕生した（稲葉 2008：147，149）。新大久保駅が誕生した頃には都心へとつながる郊外住宅地として大久保は名を馳せた。当時、大久保地区の辺りには、学者や文士、画家、社会主義者、キリスト教活動家、軍人などが住んでいたが、小泉八雲（ラフカディオ・ハーン）や孫文など、中には外国籍の者もおり、多種多様な人びとが住んでいたという（稲葉 2008: 151）。

空襲で焼け野原となった戦後は、歌舞伎町で働く者たちのベッド・タウンとなり、他所から仕事を求めてやってきた人たちが住む木造の貸間やアパートが建設されていった（稲葉 2008: 158-159）。一方、韓国・朝鮮とのつながりで忘れてはならないのが、戦後、廃品回収業を営んでいた朝鮮人の集落と１９５０年に韓国人が創業したロッテの工場と本社である。現在の韓国人街の形成との関係はどれほどあるかわからないが、大久保地区と韓国・朝鮮との接点はこの頃からあるといえる。さらに、近くに公共職業安定所がある関係で60年代には新大久保に日雇い労働者が集まり、その後、70年代には歌舞伎町から派生してホテル街が形成されていく。70年代後半からは、歌舞伎町のホステスの多国籍化が進み、80年代になるとホテルの跡地に専門学校ができ、日本語学校が多数設立されていく。こうして、90年代にはニューカマーの街に変貌していったのである（稲葉 2008: 164-165）。

このように簡単にこの街区の歴史をたどっただけでも、新大久保が江戸の当初から現在に至るまでずっと変わらず、移民の住む街区であり、さまざまな背景をもつ人びとが入れ代わり立ち代わり、外から入って来ては出ていったという様子がうかがえる。以下では、新聞や雑誌の記事をもとに１９９０年代以降に焦点を合わせ、大久保地区の変遷を跡づける。[1]

3　いかがわしさの排除（1990年代）

全国紙が新大久保の多国籍化に初めて言及したのは、1989年12月21日付の『朝日新聞』の記事だった。大久保通りの街頭アナウンスにおける中元セールの福引商品の紹介や歳末大売出しの案内に中国語が加わったことを伝える、なんとも他愛のない記事だった。同記事では、新大久保には台湾・中国・韓国からの就学生や出稼ぎ労働者が数多く住んでおり、大久保通りは「アジア通り」や「国際通り」という異名をもつといった補足的な説明があった。続いて、1991年5月31日付の『毎日新聞』では、この中国語アナウンスについて言及したうえで、韓国人や南米人の増加とともに、商店街はアナウンスの外国語数を一つずつ加えたと報じている。

つぎに全国紙がまとまった形で新大久保の多国籍化について言及したのは、1994年初頭であった。1994年1月1日付『毎日新聞』では「不思議な活力　まさに国際バザール」と題し、「外国の人が多いのが大きな特色」と記す。「戦前からインドネシアやフィリピン、タイの人たちがいたんですよ」という、新宿百人町明るい商店街振興組合理事長は「外国の人は大切なお客さん」だと述べる。この段階では、「外国人」は住民の一部であるというより、あくまで客として捉えられていたことが分かる。

また、この記事では、客としての外国人に対する揺れる立場が克明に記されている。一番会の会長は、「環境をよくしたいが外国人が多いのでね。外国人を入れないことだ」と強硬な排外主義的な主張を展開する。一方、アジア友好の家の木村妙子さんは「排除するだけではだめ」と外国人を含めた新しい街づくりを提唱する。

このような住民の視点に対し、１９９４年1月9日付『産経新聞』では「新宿・大久保〝異国ムード〟に酔いしれて」と題して、来訪者の視点で新大久保を紹介している。大久保1丁目の職安通り沿いに１９９３年9月にオープンした「光美《かんみ》百貨店」や明治通りとの交差点にあるタイ食材店「タイ・フードセンター」、大久保通り沿いにある多国籍レンタルビデオ店、その向かいにあるレストラン「新世界・星馬料理」を紹介している。この記事は、新大久保の多国籍な性格を明瞭に切り取った内容となっている。

外国人に対するネガティブな印象をもつ住民がいた背景には、１９９０年代までの大久保地区が今日のようなにぎやかさとは程遠い、怪しげな場所だったことにある。もっとも、こうした怪しさは１９７０年代頃から徐々に作られていったようである。古くから大久保地区に住む人によれば「30年ほど前（筆者註：１９６５年頃）までの新大久保周辺は、大久保通りの歩道に縁台を出して涼んでいる人がいたり、縁台の上で将棋を指している人がいたりと、情緒ある風景が見られた[2]」という。しかし、１９７５年くらいから外国人の出入りが多くなり、１９８５年くらいにはテレビの特集番組などで歓楽街のイメージに変わったと同新聞記事が伝えている。１９９０年代には新大久保はラブホテル街になり、街娼が立ち、ヤクザが横行する街区になった[3]。風俗の街、外国人女性の「たちんぼ」、ヤクザの発砲事件など治安の悪さ[4]といった側面がクローズアップされるようになった。

だが、新大久保は1990年代を通して、徐々ににぎやかな街に変貌を遂げた。1991年、路上で客引きをする外国人売春問題をきっかけに、地元4町会などによって設立された大久保百人町環境浄化対策協議会は、新宿署との合同夜間パトルールをはじめ、ひったくりや薬物乱用防止キャンペーンを展開した。1997年には自治大臣表彰を受け、2003年に大久保地区は新宿区から安全推進地域の活動重点地区に指定された。[5] こうした変化を担ったのは日本人だけではない。2017年10月1日付『民団新聞』は「廃業したラブホテルを韓国から来日したニューカマーが改装し、街の雰囲気を一変させた」と記す。

また、新大久保の商店街も治安悪化に起因するネガティブなイメージに対して黙っていたわけではない。新大久保商店街振興組合会長で化粧品店店主の森田忠幸さんら5人は、1997年、立教大学経営学部の広江彰教授による地域商店街の発展をテーマに開いた「企画講座」に参加し、学生と一緒に街おこしを行った。会長は「新大久保駅前ガード下が汚く、町のイメージを損ねている」「昔から駅周辺に楽器店が多いので音楽で何かできるのではないか」という学生からの意見に注目、1998年10月10日、第17回大久保まつりで、JR新大久保駅ガード下の壁にイラストを描くペインティングライブや街角でのジャズライブを実施した。[6] この頃、商店主による振興策として、新大久保に「天使のすむまち」というキャッチフレーズが付された。[7]

こうした新聞記事を通して分かるのは、1990年代の新大久保について、外国人の流入が話題になる一方、犯罪や売春といったいかがわしい場所のイメージが形成されていたことである。地域住民を中心にこうしたいかがわしさを払拭する活動が生まれてきたものの、この時点では、外国人はあくまで「客」としての位置づけであり、地域の活動を担う主体としては見なされていなかった。この一方で日本人の側からはあまり見えていない形ではあったものの、1990年代にはのちに韓流ブームを支えることになるニューカマーの動きに関する韓国系の『民団新聞』の先の記事はきわめて貴重である。

4　韓流ブームに沸く新大久保（2000年代）

2002年の日韓共催ワールドカップと2003年にNHK・BSで放映された『冬のソナタ』をきっかけとする「ヨン様ブーム」は、新大久保の街のあり方を大きく変えた。韓国系の店舗の出店ラッシュにより賃料の相場は3倍となり、地元商店主の中には貸店舗業に移行する者も出てきた。[8]

新大久保を韓流の街にするのに一役買ったのが、金根煕《キム・クンヒ》さんが開いた韓国広場である。1985年、研修生として来日し、翌年一橋大学大学院社会学研究科に進学した金さんは、1993年、韓国の生活文化を伝える場所を作るため日暮里に開業した韓国食材店「韓国広場」を翌年の1994年、住まいに近い職安通り沿いに移転した。[9]このきっかけは、家族のなかの他愛もない会話だった。幼稚園に通う子どもと一緒に日本とアメリカのバレーボールの試合を見ていたとき、子どもが熱心に「ニッポンチャチャチャ」と声援を送るのをみて金さんは驚いた。「日本を応援しているのか」と聞くと、子どもは「お父さんは違うの?」と不思議そうな表情で見返した。この出来事を振り返り、金さんは「学者としていくら論文を書いても影響力は知れている。食を通じて親しくなれるのではと『キムチの商売をやろう』」と決めた。[10]

当時、約500世帯の韓国人・朝鮮人が新大久保に居住していると推定され、隣接する歌舞伎町に韓国系の食堂やスナックが多かった。こういった背景から金さんは韓国食材店には需要があると見込んだ。金さんにとって幸運なことに、バブル崩壊後で新大久保は空き店舗が目立ち、新宿に近い立地なのに賃料が低かった。[11] そこで、韓国系の商店がまだほとんどなかった職安通り沿いに、「韓国」を前面に押し出した店名を掲げて起業したのである。その後の韓流ブームもあいまって、韓国料理店や日本語学校、コスメ店、屋台村など、数々の事業を興した。そんな金さんは、新大久保がコリアンタウンと呼ばれることを好んでいない。金さんは「住民の大半は日本人でしょ。逆に彼らを排除することになりかねない[12]」という。

こうした韓流ブームを支えた韓国人は、戦前から日本に住むオールドカマーではなく、1980年代後半以降に日本にやってきたニューカマーである。オールドカマーのコリアンタウンとして有名な大阪の鶴橋に対し、新大久保はニューカマーのコリアンタウンになっていった。オールドカマーには「民団(在日本大韓民国民団)」と呼ばれる組織があるのに対し、このころにはまだニューカマーの組織はなかった。しかし、ニューカマーの数が次第に増えていくにつれ、民団とは違うニューカマー独自の組織の必要性が叫ばれるようになった。そこで、2001年5月20日、在日本韓国人連合会（韓人会）が発足し、新大久保に事務所が設けられた。1985年に来日した事務局長の趙玉済《チョ・オクチェ》さんは、「政治には関わらない。外国人として日本社会に定着しやすいよう、親睦を深め、助け合うことが目的」だという。[13]

韓流ブームにより想定外に注目を浴びた新大久保の日本人の商店主たちは、街区に店舗を開きだした韓国人たちと交流するようになった。2004年8月25日付『日本経済新聞』は、新大久保商店街振興組合が韓人会と交流をはじめたのは、「つい最近のこと」だったと記す。森田会長は韓人会との交流により、「面と向かって客に聞けない疑問を率直にぶつけるとともに、商店街への要望も聞いた」という。[14] この時点で外国人は新大久保にとって「客」ではなく、商店街を構成する重要な一員に変化したといえる。また、この記事では「ここは観光地じゃないんだから……」という言葉が引用されており、新大久保の急激な変化に対し、地元の商店主たちが従来からの認識を変えられていなかったことがうかがえる。

同じころ、同商店街では、街頭スピーカーを使い、毎日3回、韓国語と中国語、英語の放送を入れるようにした。この放送では、日本語を入れた4カ国語でのあいさつだけでなく、「たばこ、空き缶のポイ捨てはやめましょう」「ゴミは朝まで店で保管を」などと呼びかけていた。[15] 先述の通り、1990年代初頭には中元や歳末セールの際に外国語でアナウンスされるようになったが、この時期には販売促進だけではなくマナー向上の呼びかけも外国語で行われるようになった。

「ヨン様ブーム」は主に40～50代の女性が担い手であったが、その後、2010年代に入り、10～20代の女性が担う第二次韓流ブームが生まれた。2012年1月23日付の『産経新聞』によれば、新大久保駅から「イケメン通り」に続く幅2・5メートルの歩道の通行者数は、休日の日中5時間で3万人を超えた。2011年は東日本大震災があり、全国的に自粛ムードであったものの、12月には地域最大級の韓国ビル3棟が完成した。地元不動産業者によれば、「ここ1～2年で地価は2倍になり、空きがない状況」であるという。一方、同じ記事では、こうした人だかりを冷ややかな目で見る日本人商店主の言葉が紹介されている。飲食店付近の大量のゴミの問題に言及した後、大正6年から95年続く文房具店の店主は「大騒ぎにはこれ以上耐えられない」と、翌月閉店を決定した。店舗を引き継ぐのは韓国グッズ販売店であった[16]。

こうした第二次韓流ブームの中でも、やはりニューカマーの起業家が活躍した。アジア通貨危機により韓国経済が大きなダメージを被った1997年に大学4年生だった金徳洪《キム・ドクホン》さんは、翌1998年、語学学校に通うために来日した。だが、経済的理由により進学を断念し、韓国食材の貿易会社に勤め始めた。彼は日韓共催ワールドカップをきっかけに需要が増えると見込んで、歩合制で稼ぐために別の貿易会社の代理店を始め、まずは横浜に事務所を構えた。その後、2005年に韓国料理店が集積しつつあった新大久保に拠点を移した。月20万円で新大久保駅の路地裏にある小さな店を借りた。当初は倉庫にしていたが、のちに食料品店にした。事業は徐々に拡大していった。売場は店舗横の駐車場や店舗2階にも広がり、2007~8年に韓国百貨店と韓国料理店を開いた[17]。同店は韓流スターのグッズやポスター、韓国食材、化粧品、家電製品など幅広く扱う韓流ショップである。2005年、わずか数千万円だった年商は、2009年に6億円、2011年には年商16億円になった[18]。

こうしたなか日本人商店主が中心の新大久保商店街振興組合は勢いを失ってきていた。1990年代初めに200店以上あった加盟店は、韓国の加盟店が増えたものの、2010年には170店に減少した。年間800万円以上だった会費収入は、約520万円になった[19]。これに対し、韓人会の新宿発展委員会によれば、韓国系の商店・飲食店の数は、2011年に約400店に増加した[20]。この時点で、大久保通りの商店街では韓国人経営の店舗数が日本人経営の店舗数を上回っていたのである。

2012年2月20日付『日経ビジネス』は、こうした韓流ブームを受けて韓流経営について多角的に分析している。同誌は「半年来ないと風景が変わっていて分からない」というある「オオクボウォッチャー」の言葉を紹介し、「韓流経営者の事業展開はとにかく速い」と記す。内外装の工事期間がもったいないという理由で工事中に開業する店、1店舗成功すると、2店、3店と矢継ぎ早に展開する店に言及し、同誌は「まったく関係ない業種に多角化するのも、多くの韓流経営者に共通する特徴」とまとめる。

同誌では、こうした特徴を「パリパリ気質」という言葉で表現している。パリパリとは、韓国語で「早く早く」という意味であり、元来は「拙速で失敗も多い」というネガティブな意味も含んでいる。だが、1992年に来日し、土木作業員や飲食店店長を経験した東海本家の李忠基《イ・チュンキ》さんは「失敗しても、すぐに撤退して巻き返せば済むこと」と、パリパリ気質を独自に解釈する。彼もまた、パリパリ気質の体現者だ。彼は2001年に韓国風刺身料理店を開業後、K‐POPライブハウス、ヨーグルトアイスの専門店を大久保通りで営んでいた。[21]

5　ヘイトスピーチからの復興（2013年以降）

ブームは一気に盛り上がれば、その分、極端に衰退していく傾向がある。そのきっかけとなったのは、全国的に展開されたヘイトスピーチである。2012年8月、李明博元大統領の竹島上陸に対して一部の人びとの反韓感情が高まり、街中でデモ行進が行われるようになった。とりわけ各地のコリアンタウンは甚大な被害を被った。

2013年、新大久保では「韓国人帰れ」など悪意を伴ったスローガンと旗が掲げられ、[22]街には街宣車やデモが押し寄せるようになり、新大久保の地価は下落し、通称「イケメン通り」の人通りも半減した。[23]2013年7月3日付『読売新聞』は、「ゴロツキ韓国・朝鮮人は日本にいらない！」と書かれたプラカードを掲げた、若者からお年寄りまで数百人の人びとが街を練り歩いたと記している。中にはベビーカーを押す女性の姿もあり、「拡声器で女性が『竹島を返せ』

……と叫ぶと、デモに抗議する団体のメンバーが『差別はやめろ』と怒声を返した」という。当時の混乱した状況がうかがえる。

2015年、第二次韓流ブームのにぎわいは、過去のものとなっていた。韓国食品などを扱う店の店長、丁讃于《チョン・チャンウ》さんは「3、4年前まではバブル状態だったが、10年ほど前に比べると、売り上げは2、3割」だという。[24] また、職安通り南側の高麗博物館長は「ここ1～2年で近くの100人以上を収容する韓国レストランが2軒も閉店した」と述べる。大久保通り路地裏で美容室を営む日本人女性は「土日はいいが、平日は閑散としている。ヘイトスピーチや竹島の問題で客は半減した」という。[25] 実際、2011年には約500店あった韓国系店舗（焼き肉店や商店）は、2016年末には約200店が閉店した。[26] ヘイトスピーチは新大久保を訪れる韓流ファンを激減させ、それに伴って韓国系の店舗の数も減少させた。数年前の盛り上がりが夢であったかのように、新大久保の商店街の姿は一変したのである。

新大久保の韓国人たちはヘイトスピーチで衰退する新大久保を黙って受け入れていたわけではない。新大久保の商店街の復興に尽力した韓国人たちがいたのである。2014年9月8日夜、大久保1丁目の韓国料理店に韓国人経営者8人が集まり、一般社団法人新宿韓国商人連合会の立ち上げに向けて話し合いが行われた。呼びかけ人は、韓国料理店の妻家房社長で民団韓食ネット協議会会長でもある呉永錫《オ・ヨンスク》さんと、新大久保語学院院長で、世界韓人貿易協会会長でもある李承珉《イ・スンミン》さんであった。同商人連合会は「地域の日本人の商店連合会と連携」することを目的に、20

14年11月6日に発足した。[27]

一方、韓国人と日本人が一緒になって新大久保の活性化に向けて取り組んだ画期的な試みが、冒頭で紹介した「新大久保ドラマ&映画祭」である。2014年3月の第一回目は、新大久保商人連合会の呼びかけ人のひとりであった李承珉さんが実行委員長を務めた。彼は「このまちに文化的コンテンツを入れることで、ブランド化し、政治的に影響されないようにしたかった」とヘイトスピーチを念頭においた発言をしている。実行委員会はスポンサー集めに苦心した。当初1500万円の協賛金を予定していたが、実際に集まったのは1100万円強だった。赤字は避けられたが、ヘイトスピーチによる新大久保の経済状況の悪化がうかがえた。[28]

苦労したのは協賛金集めだけではない。映画をどこから集めればよいかという基本的なノウハウさえなかった。李さんは「いま考えたら無謀でしたね」と後に『民団新聞』のインタビューで答えている。[29] とはいえ、このときの参加者は屋内イベントを含めれば、のべ7000人にのぼった。このように韓国人が主導して新大久保の街の活性化に乗り出し、日本人を巻き込んで苦労を乗り越えたという経験は、韓国人はあくまで日本人の街の客であるという日本人側の認識を決定的に覆した。ヘイトスピーチをきっかけに、日韓が一体となり新大久保という街の活性化に向けた取り組みが進んだのである。

「新大久保映画祭」とイベントのタイトルを一部変更した2回目（2015年）は、8月14日から22日にかけて、新大久保のイベントホール「K-Stage O!」で開催された。この時は韓国だけでなく中国、ネパール、シンガポールなど7カ国から17作品を集めた。2015年7月9日付『読売新聞』は、「日韓関係の悪化により減少した観光客の呼び戻し、住民の多国籍化のなかで、他の文化への理解を深めるねらい」と、新大久保の多国籍化に触れた記事を掲載している。[30] 映画祭の実行委員会には映画コンテンツの種類を多国籍化することにより、新大久保を韓流の街ではなく、多様な国籍の住民が住む街として位置づけようとする意図があったはずだ。

2016年の3回目は、区内4カ所で開催された。この年も韓国に加え、ネパール、ベトナム、インド、日本など多様な国で製作された映画が上映された。2016年11月15日付『朝日新聞』は「「脱韓流」の動き?」として、呉永錫《オ・ヨンスク》実行委員長の「いろんな国や地域の人が一緒に暮らす街だとアピールしたい」という言葉を紹介している。ここでもまた、脱韓流および多国籍化が焦点となっている。

新大久保映画祭は、2016年が最後となった。たった3年間という期間ではあったが、これは新大久保の街づくりにおいて大きな成果を残した。映画祭実行委員会は、この映画祭に合わせて、多文化共生の街づくりを目指すシンポジウムを開催してきた。こうした一連の取り組みは、来場者に新大久保をさまざまな国の文化が行きかう場として印象づけただけでなく、主催側のネットワークの拡大に寄与した。日本人と韓国人が一つのプロジェクトに共同で取り組むことにより、同じ地域の住民であるという意識を再確認させたといえる。実行委員会は有志団体であり、各委員とも本業を抱えながら、これまで日中韓の学生ボランティアを動員し、何とか開催までこ

表 1-1　生活史調査の結果の概要

人数	36 人［2017 年度 11 人、2018 年度 13 人、2019 年度 12 人］
ルーツ別	韓国（13）、中国（6）、ネパール（6）、ベトナム（6）、台湾（1）、タイ（1）、インドネシア（1）、バングラデシュ（1）、インド（1）
職業	学生（9）、経営者（14）、被雇用者（12）、求職中（1）
ジェンダー	男性（27）、女性（9）
年齢	10 代（1）、20 代（15）、30 代（9）、40 代（4）、50 代（5）、60 代（2）

（出典　筆者作成）　＊カッコ内は人数

ぎつけてきた。こういった催しを行うことは新大久保の多文化性を可視化する上で重要であるものの、そこから先の具体的な多国籍の人びとを巻き込んだネットワークの形成まではできていないのが実情である。

こうした背景のなかで、冒頭に記したように私自身が新大久保映画祭実行委員のメンバーと知り合い、間接的な形で新大久保の多文化共生に向けた取り組みに、少しばかり関わるようになったのである。以下では、２０１７年から３年間実施した新大久保における外国にルーツをもつ人たちの生活史を記録する調査実習の概要について説明する。

6　外国にルーツをもつ人たちの生活史の記録に向けて

２０１７年４月に開始した外国にルーツをもつ人たちの生活史の記録は、先述の通り東洋大学社会学部の「社会調査および実習」の１コースとして実施された。３年間で約70人の学生が履修し、36人から話を聞くことができた。対象としたのは新大久保に居住しているか、あるいは新大久保で働いている人たちとした。働いている人の中には被雇用者だけでなく、経営者も含まれている。

ルーツ別では韓国が一番多く、13人、続いて中国、ネパール、ベトナムが6人ずつと続く。2018〜9年度は、2017年度と比べて多様な国籍の人びとから話を伺うことができた。とりわけ、ベトナムやネパールの方々の話を比較的多く聞くことができたのは、2017年度との大きな違いであった。なお、話を聞かせていただいた方の中には、日本に帰化した方も含まれているため、「外国人」とは表記せず、「外国にルーツをもつ人たち」としている。

職業の観点からみると経営者が一番多く、14人となった。彼らはレストラン、不動産会社、語学学校、商店、カフェ、新聞社、フリーペーパー編集など、さまざまな店舗・会社を経営していた。ジェンダー別では男性が多かった。年齢は10代から60代まで、多様な世代に広がっている。

このようにインタビュー対象者の属性をまとめてみると、あまりバランスが取れているとはいえない。しかし、限られた時間のなかで聞き取り調査に応じてもらえる方を見つけることを優先したため、国籍やジェンダー、年齢といった属性を均等にすることは難しかった。なお本書の第四章では、このなかから掲載許可の得られた12人の方の生活史を収録している。

以下では、インタビューの対象として調査実習に関わっていただいた方々とは別に、調査のカウンターパートとして協力していただいた学外の方々との関係について紹介する。

まずは冒頭で触れた鈴木琢磨さんである。韓国通の鈴木さんはIT関連企業を立ち上げ、新大久保に事務所を構えている。新大久保をベースに仕事をしていることもあり、国籍を問わず、さまざまな人たちとのネットワークがある。本調査実習を進めるにあたり、まず私は鈴木さんに相談した。

この時、鈴木さんを通して新大久保語学院院長である李承珉さんと知り合った。新宿韓国商人連合会の呼びかけ人として先に名前をあげた、あの李さんである。李さんは韓国人経営者間のネットワークの結節点となっており、非常に広い人脈をもっている。生活史調査を行うために、まず私が鈴木さんと李さんの両名から紹介を受けた方々にお会いし、調査の内諾を得ることができた。こういったカウンターパートの方は、特定のフィールドで調査実習を行ううえで欠かせない。

2年目となる2018年には、やはり鈴木さんの紹介により、新大久保商店街振興組合理事長の伊藤節子さんと同組合事務局長の武田一義さんと知り合うことができた。同組合では商店街に店を構えるさまざまな国にルーツをもつ経営者を集め、情報共有を図る「インターナショナル事業者会議」(通称、4カ国会議)を開始したところだった。

新大久保では韓人会や商人連合会といった韓国にルーツをもつ人びとの団体はあるが、中国人をはじめ、ベトナム人やネパール人の団体が存在するかどうか不明なため、各国間の交流があまり進んでいなかった。こうした中で商店街振興組合が中心となり、日中韓だけでなく、ベトナム人とネパール人の経営者を入れて定期的な会合の場を作ったのである(ただし、中国人の参加は叶わなかった)。

私は新宿区大久保地域センターで開催された第2回の会議にオブザーバーとして参加させていただいた。この時、次回の会議における一部の履修生の参加許可を得たうえで、同会議のメンバーである韓国やベトナム、ネパールにルーツをもつ経営者に対してインタビューの了解を取り付けることができた。

こうして年々ネットワークを広げながら生活史の聞き取りを行ってきたが、2020年度には、周知のとおり新型コロナウイルス感染症の拡大により調査実習の内容を変更せざるを得なくなった。そうこうしているうちに、私が他大学に移籍することになり、新大久保における生活史の聞き取り調査プロジェクトは、3年で終了することになった。

本書の以下の章では、この3年間の成果をまとめている。日本および新宿区の外国籍住民に関する数々の統計データを整理した第二章では、住民のなかの外国籍の人びととの割合の変化をはじめとする、外国籍住民の実態を浮き彫りにするさまざまな傾向を明らかにする。続いて、第三章では学生たちが新大久保の街を歩いて得た数々の発見を紹介する。ここでは新大久保を訪れたことのない読者であっても、街の様子がわかるように多くの写真を掲載している。

本書のメインパートは第四章である。第四章では先述の通り、12人の外国にルーツをもつ人たちの生活史を掲載している。なお、各話の最後には、インタビューした年月を記載している。本書に掲載された内容はその当時のものであるため、本書刊行時点において変化していることもあるだろう。実際、本書の掲載許可を得るために再度、インタビュー対象者に連絡を取った際、すでに店や事務所の場所を新大久保の外に移している方も数人いた。また、新型コロナウイルスの感染拡大を機に、帰国された方もいた。それでも、一時期の記録として価値をもつと考え、本書には当時のままの内容を掲載している。また、第6話のみ2021年11月に聞き取った内容を追加している。最初のインタビューから3年を経て、インタビュー対象者の生活の変化を理解できるだろう。

最後に補章では、私が進めてきた調査実習授業のノウハウについて紹介している。補章は実習授業を担当される大学教員の方々の参考になればと願い収録した。

なお本書は、大久保地区の外国人「居住者」のみを対象としているわけではない。今日、新大久保は多くの観光客をひきつける多国籍タウンとなった。この結果、居住者ばかりでなく、職場として新大久保を利用する人たちも増えた。同地区には飲食店や不動産、エスニックメディアの編集部など、多様な業種の商店や事務所が存在し、働く人たちのネットワークも広がりつつある。この点で、本書は居住者と経営者・労働者を分けずに、「新大久保の人びと」とくくっている。

本書を通して新大久保という街を日々つくりあげている人びとの魅力を少しでも伝えることができれば幸いである。

［注］

1　読売新聞社の「ヨミダス歴史館」、毎日新聞社の「毎索」、朝日新聞社の「聞蔵」、産経新聞社の「産経新聞データベース」、日本経済新聞社の「日経テレコン」といった新聞各社の検索システム、および『民団新聞』のウェブサイトを利用した。

2　1995年7月12日付「「わが街」だから自分の手で　周辺住民などが新大久保浄化作戦」『産経新聞』東京朝刊

3　2017年10月1日付「多文化共生　韓国人が牽引……東京の新大久保「コリアンタウン」」『民団新聞』

4　2015年12月3日付「変化続ける「韓流の聖地」」『朝日新聞』東京朝刊

5　2003年10月2日付「安全重点地区に大久保・百人町――新宿区が指定・支援へ」『毎日新聞』地方版東京

6　1998年10月9日付「学生の知恵で街おこし　あるガード下に壁画制作」『読売新聞』東京朝刊

7　2015年12月3日付「変化続ける「韓流の聖地」」『朝日新聞』東京朝刊

8　2015年12月3日付「変化続ける「韓流の聖地」」『朝日新聞』東京朝刊

9　2006年8月16日付「「共生」理念にスーパー立ち上げ　地区協に参加、相互理解に腐心」『日本経済新聞』

10　2017年1月1日付「多文化共生　韓国人が牽引……東京の新大久保「コリアンタウン」」『民団新聞』

11　2012年2月20日付「特集　オオクボの磁力」『日経ビジネス』

12　2003年8月23日付「大久保、韓国人ニューカマーたちの物語（現場考）」『朝日新聞』東京夕刊

13　2001年7月23日付「第3の「在日」団体が誕生　ニューカマーの「韓人会」」『AERA』

14　2004年8月25日付「外国人街、各地に続々」『日本経済新聞』地方経済面　東京

15　2004年9月3日付「商店街で韓国語放送　東京新宿の大久保地区マナー向上呼び掛け」『産経新聞』大阪夕刊

16　2012年1月23日付「韓流の街、ブーム困惑　東京・新大久保　脱税など不正／観光客マナー悪化」『産経新聞』東京朝刊

17 2016年11月15日付「コリアンタウン大久保「脱韓流」の動き」『朝日新聞』東京朝刊

18 2010年5月19日付「ザ・るぽ　韓流遊園地に進化　ハングル根付く東京・新大久保」『毎日新聞』東京夕刊、および2012年2月20日付「特集　オオクボの磁力」『日経ビジネス』

19 2010年6月19日付「商店街に「韓流」の波」『日本経済新聞』夕刊

20 2011年6月3日付「人気のコリアンタウン」『毎日新聞』地方版東京

21 2012年2月20日付「特集　オオクボの磁力」『日経ビジネス』

22 2013年10月26日付「日本人と韓国人、仲よく共存を」『毎日新聞』東京朝刊

23 2013年3月22日付「コリアンタウン、寒い春　東京・新大久保、客足減る」『朝日新聞』東京夕刊

24 2015年6月22日付「日韓　歩み寄り期待　国交50年　新大久保「売り上げ10年前の2、3割」」『読売新聞』東京夕刊

25 2015年6月22日付「日韓国交正常化50年「日韓友好の地、陰り」」『毎日新聞』東京夕刊

26 2017年1月12日付「遠のく客足　韓国系店舗　ピーク時の4割減」『読売新聞』東京夕刊

27 2014年9月10日付「真冬のソナタ　再びにぎわいを　商店主ら一丸　新大久保コリアンタウン」『朝日新聞』東京朝刊

28 2014年4月9日付「地元意識で韓日一体……成功した新大久保ドラマ&映画祭」『民団新聞』

29 2017年1月1日付「「まちづくり会議」で提言　韓国語の専門校新大久保語学院　李承珉院長」『民団新聞』

30 2015年7月9日付「観光客呼び戻す、新大久保映画祭　来月14日から韓国など17作品紹介」『読売新聞』東京朝刊

Column 1

さまざまな探究の方法

本書のもとになった調査実習では、新大久保に生きる人たちの生活史を聞き取ることを課題としてきた。数ある質的社会調査方法の中で生活史に的を絞ったのは、初めてインタビューを試みる学生にとって、まずはインタビュー対象者の人生の来歴に耳を傾けることが大事だと思ったからだ。

あらかじめテーマを決めて、そのテーマにしたがって質問項目を練る構造化・半構造化インタビューでは、相手の人生の全体像が見えてこないうえ、想定外の発言に「ハッ」とさせられる可能性も低くなる。調査者が聞きたいことを聞き出すというあり方よりも、「他者の生き方に学ぶ」というあり方のほうが、学生の今後の人生にとって有意義ではないかと考えた。

とはいえ、生活史の聞き取りは最初の一歩である。もちろん、インタビュー対象者と継続的に関係を築き、相手の言語を学び、さらに深い生活史を聞き取っていくという深め方はある。だが、新大久保というフィールドであれば、生活史以外にさまざまな社会調査が可能である。以下では、三つの切り口に絞って見ていこう。

1 「観光」という切り口

すでに観光地となった新大久保は、観光研究の観点から調査が可能である。観光研究の古典的な視座として「ホスト・ゲスト論」がある。観光はゲストのまなざしをとおして、ホストは自らゲストの期待する自己を演出するという前提に立ち、ホストがどのようにゲストに向けた演出をするのかを問

Column 1

う。観光研究では、もともと現地の人たちに意識されていなかった日常の習慣が、観光を通して意識化されることで「文化」として切り取られ、人に見せるものになると言われている。こうした考え方は、新大久保の観光地化についても、あてはまるだろうか。新大久保を観光地として見た場合、こういった視点から調査することが可能である。

もっとも観光研究はこのホスト・ゲスト論以外にもさまざまな視座がありうる。観光研究に関する書籍は多数出版されているので、それらを読み、自分たちで調査計画を立て実行してみるとよいだろう（cf. 市野澤・碇・東 2021）

2 「宗教」という切り口

さまざまな国からやってくる人が住む新大久保では、宗教施設も多様である。キリスト教の教会はもちろん、イスラム教のモスク、ヒンドゥー教の廟、台湾の一部の人たちの信仰の対象となる媽祖廟など、数々の宗教施設がある。日本のどこにでもある神社や寺はいうに及ばず、第三章で紹介した東京蓮華學會というひっそりたたずむ仏教施設もある。

こうした宗教施設は、新大久保に生きる住民にとってどういった役目を担っているのか。私たちの調査実習でも6月のエクスカーションの際に、新大久保に複数あるキリスト教の教会にお邪魔し、話を聞かせてもらったことがある。中には信者の許可がないと入れない場所もあるが、話を聞かせてもらえるような状況であれば、新大久保の宗教施設の役割に絞った調査も可能であろう。多くの日本人にとって縁遠い宗教であっても、海外からやってくる人びとにとっては日常の一部である。私たちが素通りしてしまうような施設が、誰か別の国の人にとっての中心的な場所であるかもしれない。同じ新大久保という空間を生きている人たちが、それぞれ異なった形で場所に意味づけをしている様子が、宗教施設の調査をとおして見えてくるかもしれない。

3 「エスニック・ビジネス」という切り口

エスニック・ビジネスとは、外国にルーツをもつ人たちが自分たちと同じ文化的背景を共有する人たちに向けて営むビジネスである。例えば、ネパール人やベトナム人が同胞向けに自分たちの生活に必要な食材や雑貨を扱う店を開くことがある。こうした店はネパール食材・雑貨店などと呼ばれるが、これはエスニック・ビジネスの一つである。

新大久保には数多くのエスニック・ビジネスを見つけることができる。そもそもこういった店は誰がどのような経緯で開くのだろうか。開業資金の集め方や開業のための届け出など、日本でビジネスを始めるために必要なノウハウはどこから入手するのか。商材は誰からどのように仕入れるのだろうか。こういった疑問は店主と信頼関係を築いてからでなければ聞き出せない。したがって、誰でもできるわけではないが、運よくこういったことを教えてくれる人に出会うことができれば、日本社会のなかで外国人が生き抜く知恵をたくさん知ることができるはずだ。エスニック・ビジネスについては、日本でもまとまった研究がある（cf. 樋口 2012）。これらの書籍や論文を参考に、自分で調査してみるとよい。

Column 1

これらの切り口以外にも、エスニックコミュニティの調査や、多文化共生に向けた新大久保のまちづくりの調査など、さまざまな切り口が可能である。もっとも質的社会調査は、情報を提供してくれる相手がいてこそ可能になるため、こうした出会いを求めて試行錯誤するところから始めなくてはならない。しかし、こうした過程で、調査者であるあなたの日常が徐々に融解し、新たな世界が切り開かれるはずだ。質的な社会調査の醍醐味はここにある。

第二章

大久保地区における在留外国人住民の多国籍化
——都市部の多文化共生を考える前に

はじめに

大久保通りを歩けば、多くの外国人とすれ違うはずだ。国籍までは分からなくとも、聞こえてくる言葉や容姿で何となく外国人だとわかる。街の景観を構成する店舗の看板にもハングルをはじめさまざまな文字が使われている。イスラム横丁を歩けば、他ではあまり経験することのない香辛料の匂いを感じ、どこか中東の街に迷い込んだ気分になる。

こういった街の様子は、突如として私たちの目の前に現れたのではない。新大久保のある東京都新宿区は、国内でも比較的早くから外国人居住者を受容してきた（川村 2015: 2）。このため、新宿区を対象とした多文化化、多民族化、多国籍化に関する研究は、これまでにも存在した（cf.

稲葉 2008; 川村 2015)。こうした研究をみれば、新大久保に外国人が集まった理由は、それなりわかる(新大久保の街の形成過程については、稲葉佳子『オオクボ 都市の力——多文化空間のダイナミズム』(稲葉 2008)に詳しい)。だが、本書では、都市形成史とは異なったアプローチから、新大久保における外国人住民増加の過程やその特徴について迫りたい。

本章で使用するのは、行政などが公開している統計データである。一見、数字の羅列に見えるこうした統計データであっても、さまざまな形で組み合わせることによって、私たちは興味深い傾向を読み取ることができる。本章では、複数の統計データを組み合わせることによって、「韓流の街」から「多国籍の街」へと変容しつつある新大久保の様相を明らかにしていく。

なお、本章は別稿(箕曲・鈴木 2017)をもとに、データを最新のものに差し替えて、新たに記したものである。一部、この別稿のデータにも言及しているが、詳細を知りたい方は、同論文を検索してご覧いただきたい。

1 全国の在留外国人登録者数の変遷

(1) 長期的な在留外国人登録者数の変動

まずは新大久保や新宿区からいったん離れて、日本全国の在留外国人登録者数(以下、在留外国人数)の長期的な変化をみてみよう。

図2-1と表2-1は、1949年から10年ごとの在留外国人数を表している。1949年の在留外国人数は約64万5000人であったが、1990年代に入りついに100万人を超えた。図2-2からは1990年頃より在留外国人数が急増していることが読み取れる。その後、コロナ禍に見舞われた2020年まで、在留外国人数の上昇傾向は続き、2019年には293万人に達した。

表2-1の総人口比をみても、1989年まで0・7から0・8%で推移していたのに対し、1999年には1%、2019年には2%を超えた。総人口比の2%超という在留外国人数を、多いとみるか、少ないとみるか。これは、何を比較対象にもってくるか次第で変わるだろう。諸外国と比べれば、たった2%だということもできる。しかし、それでも少なくとも戦後の日本において、この割合は経験したことのない数値である。コロナ禍において、この上昇率はいったん落ちつくはずだ。しかし、アフター・コロナの日本において、再び在留外国人数は上昇する可能性が高い。

一方、ほぼ同じ時期における国籍・地域別の人数の推移をみてみたい（表2-3）。戦後から在留外国人の大多数は韓国・朝鮮人であった。終戦時に日本に居住していた200万人以上とされる朝鮮人の中には、朝鮮半島での政治的混乱や劣悪な経済状態を理由に日本に残留した人も一定数いた（永吉 2020: 25)。1947年の外国人登録令により、こうした旧植民地出身者は「外国人」と定義され、出入国管理の対象とされた。外国人統計が1947年に開始されたのは、この

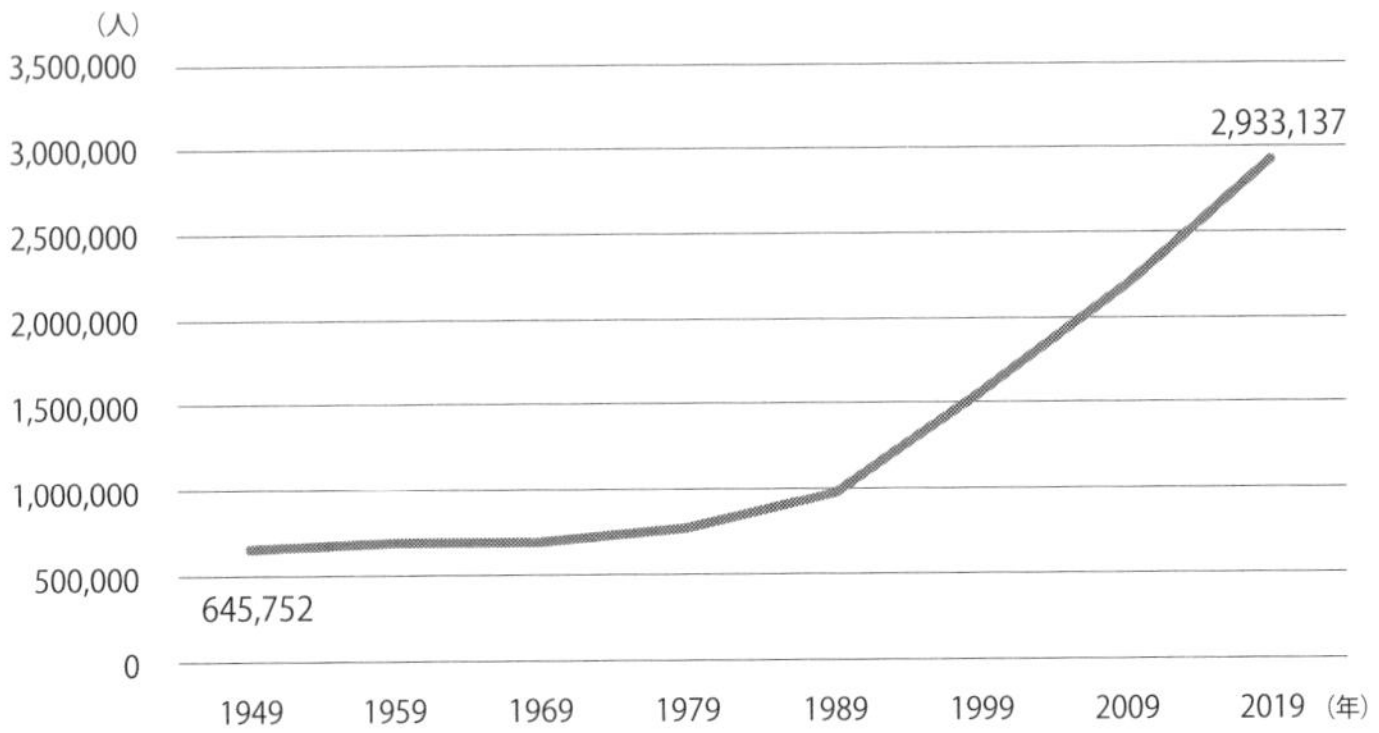

図 2-1　1949 年以降の在留外国人登録者数の推移

（出典　総務省統計局の資料[1]より筆者作成）

表 2-1　1949 年以降の在留外国人登録者数の推移と増加率

年	総数（人）	増減 (%)	総人口比 (%)
1949	645,752	—	0.79
1959	686,609	106.3	0.74
1969	697,504	101.6	0.68
1979	774,505	111.0	0.67
1989	984,455	127.1	0.80
1999	1,556,113	158.1	1.23
2009	2,186,121	140.5	1.71
2019	2,933,137	134.2	2.32

（出典　総務省統計局の資料より筆者作成）

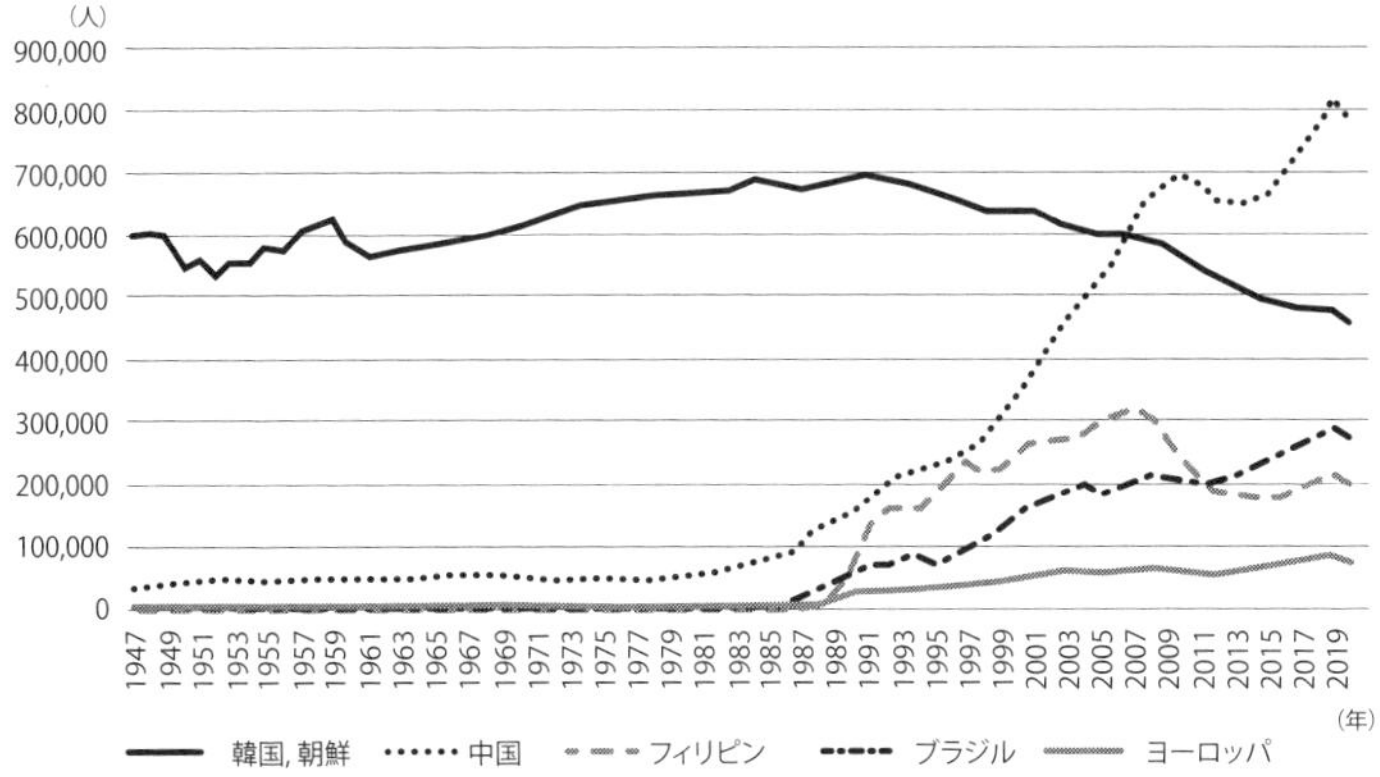

図 2-2　1947 年以降の外国人登録者数の推移（国籍・地域別）

＊ 2015 年以降は韓国と朝鮮は別々に集計されるようになったため、韓国のみを記載

（出典　総務省統計局の資料より筆者作成）

ためである。1960年までその数は増減を繰り返し、1960年代から1980年代まではおおむね微増傾向にあった。その後、今日まで減少傾向にある。

一方、1980年代後半から増加しているのは中国人とブラジル人、フィリピン人である。1985年9月のプラザ合意によって引き起こされた円高は、外国人労働者の日本への流入のきっかけとなった（永吉 2020: 27）。1989年の出入国管理法改正により不法就労や非正規滞在に対する取り締まりの強化、専門・技術職の受け入れ範囲の拡大や制度の整備、「定住者」や「研修」といった新たな在留資格の創設が行われた（永吉 2020: 28）。中でも、「定住者」は、法務大臣が特別な理由を考慮して居住を認める者を指す。具体的には難民や三世までの日系人、中国残留邦人などが該当する（永吉 2020: 48）。

この在留資格には就労制限がなく、仲介業者を通じた日系ブラジル人やペルー人の就労目的の来日のきっかけとなった。日本政府は単純労働に従事する外国人労働者の受け入れを公式的には認めていないが、彼らは自動車や電機といった製造業の下請け企業の組立ラインで働くようになった。

とりわけ中国人の増加率は高く、2005年には朝鮮・韓国籍の人びとを抜き第1位となった。それに対し、ブラジル人は、2008年を境に急激に減少した。これはリーマンショックによる世界的不況の影響を受け、日系ブラジル人・ペルー人労働者の多くが職を失ったためである。これを受けて日本政府は支援金を提供し、帰国を促す政策を実施したのである（永吉 2020: 52）。

このような傾向を見てみると、在留外国人といっても歴史的に跡づければ圧倒的に多くの割合を朝鮮・韓国籍の人びとが占めており、中国やブラジル、フィリピンといった多様な国籍の人びとが増え、この割合が変化していったのは1990年からだといえる。

(2) 近年の在住外国人数の動向

では、2016年末以降の在留外国人数の変化にはどのような特徴がみられるであろうか。コロナ禍を原因とする2020年の減少を別にすれば、この数年も日本における在留外国人数は年々増加している（表2-2）。2016年末に約238万人だった在留外国人数は、2019年末には293万人を超え、この3年で55万人ほど増加した。都道府県別にみると、大久保地区の

表2-2　上位6都府県別在留外国人数の推移

年／都道府県	2016年末	2017年末	対前年末増減率（%）	2018年末	対前年末増減率（%）	2019年	対前年末増減率（%）	2020年末	対前年末増減率（%）	構成比（%）
東京都	500,874	537,502	7.3	567,789	5.6	593,458	4.5	560,180	−5.6	19.4
愛知県	224,424	242,978	8.3	260,952	7.4	281,153	7.7	273,784	−2.6	9.5
大阪府	217,656	228,474	5.0	239,113	4.7	255,894	7.0	253,814	−0.8	8.8
神奈川県	191,741	204,487	6.6	218,946	7.1	235,233	7.4	232,321	−1.2	8.0
埼玉県	152,486	167,245	9.7	180,762	8.1	196,043	8.5	198,235	1.1	6.9
千葉県	133,071	146,318	10.0	156,058	6.7	167,512	7.3	169,833	1.4	5.9
総数	2,382,822	2,561,848	7.5	2,731,093	6.6	2,933,137	7.4	2,887,116	−1.6	100.0

（出典　法務省入国管理局公表資料より筆者作成）

ある東京都が一番多く、２０２０年末の時点で約56万人（全国の約19％）が居住し、第2位の愛知県（約27万人）を大きく引き離している。コロナ禍のため対前年比は全国的に減少傾向であるが、２０１９年末の増減率を見ると、愛知県と神奈川県が全国平均の7・4％を超えている。一方、東京都はこの4年を通して全国平均の増減率を下回っており、東京都はすでに飽和状態であることがうかがえる。

２０１９年末の国籍・地域別に在留外国人数をみた場合、多い順に中国（約81万人）、韓国（約45万人）、フィリピン（約28万人）、ベトナム（約41万人）と続く（表2-3）。対前年末増減比をみると、中国は6・4％増に対し、韓国は0・7％減と対照的な状況となっている。ただし、この表からは読み取れないが、中国の場合、東日本大震災後に一度減少した後、２０１４年より再度増加に転じている。韓国の場合、１９９０年に約70万人に達したのを境に、年々減少している。

表2-3　国籍・地域別在留外国人数の推移

年 国籍・地域	2015年末	2016年末	2017年末	2018年末	2019年末	対前年末増減率(%)	構成比(%)
中国	665,847	695,522	730,890	764,720	813,675	6.4	28.0
韓国	457,772	453,096	450,663	449,634	446,364	−0.7	16.5
フィリピン	229,595	243,662	260,553	271,289	282,798	4.2	9.9
ベトナム	146,956	199,990	262,405	330,835	411,968	24.5	12.1
ブラジル	173,437	180,923	191,362	201,865	211,677	4.9	7.4
ネパール	54,775	67,470	80,038	88,951	96,824	8.9	3.3
米国	52,271	53,705	55,713	57,500	59,172	2.9	2.1
総数	2,232,189	2,382,822	2,561,848	2,731,093	2,933,137	7.4	100.0

（出典　法務省入国管理局公表資料より筆者作成）

第3位のフィリピンの場合、この表の範囲外だが２０１２年にいったん減少したものの、その年以外は毎年増加している。第5位のブラジルは、もともとフィリピンよりも人数が多かったものの、２００８年より減少に転じて以降、毎年数万人規模で減ってきた。しかし、この数年は約1万人ずつ増えており、２０１９年末の対前年比増減率は4・9％増となっている。

こうした増減の傾向とは明らかに一線を画し、今日、急激に増加している国々がある。それが第4位のベトナムと第6位のネパールである。ベトナム人の対前年比の増減率が24・5％増と他国を大きく引き離し、この3年で倍以上の人数に膨れ上がった。２０１２年末以降は2万人規模で増加しており、それでも増加率が多い方ではあったが、２０１６年末にブラジルを抜き第4位となった。一方、ネパール人の対前年比増減率は8・9％増と、ベトナムほどではないものの、この4年の間に1万人前後の規模で増加し、２０１５年末に米国を追い抜き第6

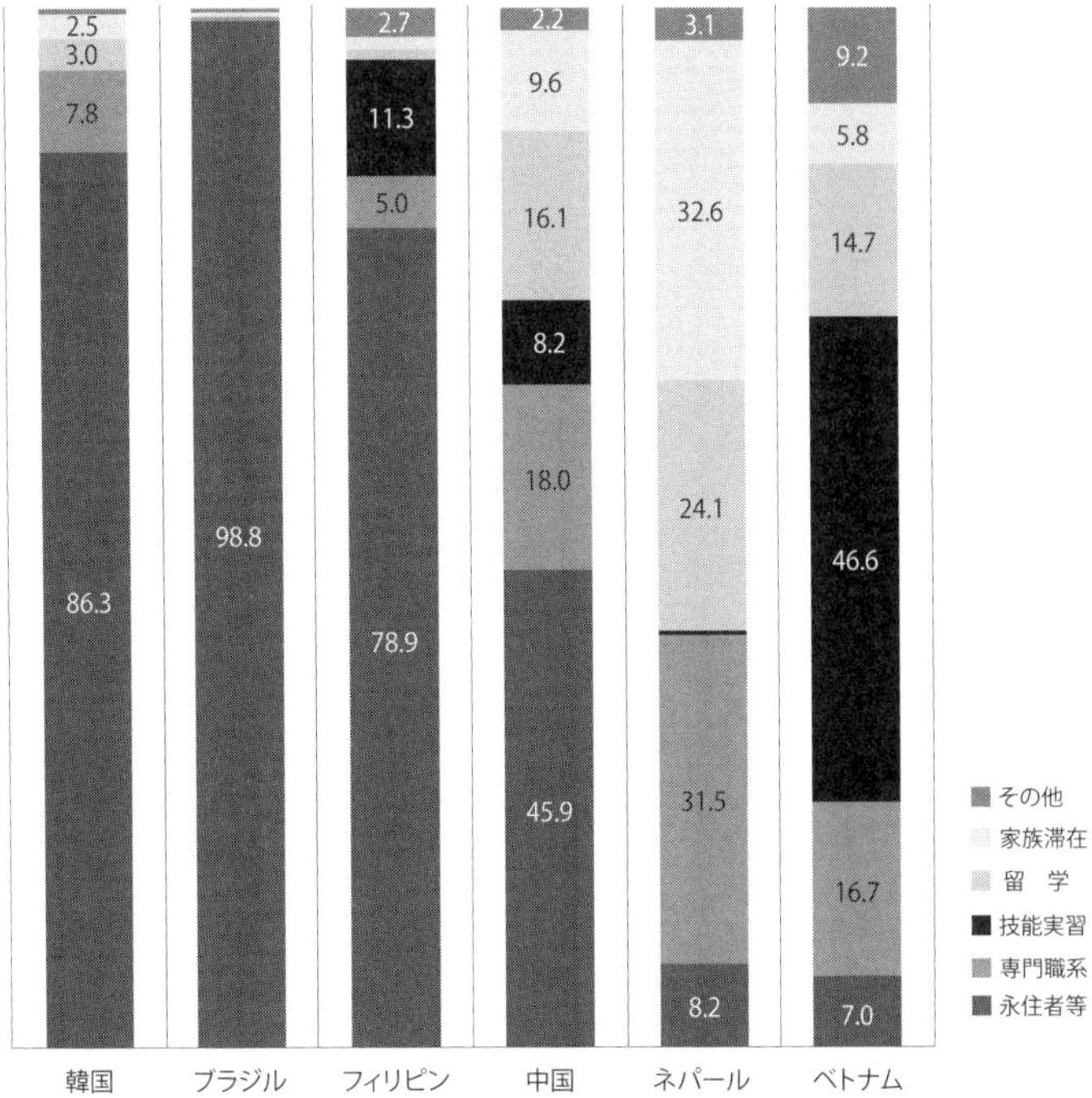

図 2-3　在留資格（在留目的）別在留外国人の割合（2020 年 12 月 1 日時点）

＊「専門職系」とは在留資格における「外交」「公用」「教授」「芸術」「宗教」「報道」「投資・経営」「法律・会計業務」「医療」「研究」「教育」「技術」「人文知識・国際業務」「企業内転勤」「興行」「技能」の合計。

（出典　総務省統計局の資料より筆者作成）

位となった。このように国籍・地域別の増減率は国・地域ごとに特徴があるが、中でもベトナムとネパールの急増は注目に値する。

これら5カ国の中で、ベトナム人やネパール人の在留資格（在留目的）は他の3カ国と比べて大きな違いがある。法務省が公表する「国籍・地域別　在留資格（在留目的）別在留外国人」（2020年12月時点）によれば、韓国人、フィリピン人、ブラジル人の7割以上が永住者等（特別永住者、日本人・永住者の配偶者等、定住者を含む）に分類される。また、中国人の場合、永住者だけでなく、専門職系（教授職、経営・管理職など）や留学にも一定の割合の人びとがいる。

しかし、ベトナム人は技能実習（20万8879人、46・3％）が圧倒的に多く、永住者は少ない。ベトナム人の技能実習生は「団体監理型」と呼ばれるものがほとんどで、商工会や中小企業団体など営利を目的としない団体（監理団体）が受け入れ元となり、傘下の企業などに実習生を派遣するタイプである。[2] ベトナム人の技能実習生はこの団体監理型の中でも、在留資格「技能実習1号ロ」（入国1年目）と在留資格「技能実習2号ロ」（入国2・3年目）に、あわせて18万6078人が登録されている。

さらに、ネパール人は図のうえでは専門職系の割合が多いが、この中に「技能」と分類される在留資格（いわゆる技能ビザ）が含まれており、この技能ビザ取得者が多い（1万2524人）。この技能職とは、その国独自の建築土木の大工や貴金属や毛皮の技師といった熟練した職を指すこともあるが、ネパールの場合、主に調理師あるいは料理人を指す。ネパール料理店で働く者は、基本的に技能職という在留資格をもらい日本に滞在している。タンドール窯設置店1店舗あたり5～8人を「技能」資格で呼び寄せることができるという（田中 2017）。実務経験が10年以上必要とされ[3]、それを証明する書類の提出が義務づけられている。また、留学（2万3116人、24・1％）や家族滞在（3万1334人、32・6％）が多く、やはり永住者は少ない。

このように、ベトナムとネパールの在留外国人の滞在目的には、それぞれ独自の特徴がある。ベトナム人の場合、技能実習が半数近くを占め、家族滞在や永住者は少ない。一方、ネパール人の場合、技能実習や永住者はほとんどおらず、技能職や留学、家族滞在が多い。

（3）永住者数と非永住者数の変遷

つぎに永住者数と非永住者数の変遷をみてみたい（図2-4）。なお、ここで言及する「永住者」には「特別永住者」を含むが、永住者の配偶者等や定住者は含んでいない。1994年の永住者数は約63万人、非永住者数は約72万人と、非永住者の割合が若干多かった（永住者数は全体の46・6％）。その後、永住者数は1998年までほぼ一定であるものの、1999年から漸増傾向を示し、2012年には100万人を突破し、その後も漸増し続けている。一方、非永住者数は年々上昇し、2008年以降に一時的に下降したが、2012年以降、再び上昇に転じ、コロナ禍直前の2019年には182万人を突破した。

一方、国籍・地域別に永住者と非永住者の増減を見てみると、興味深いことが分かる（図2-

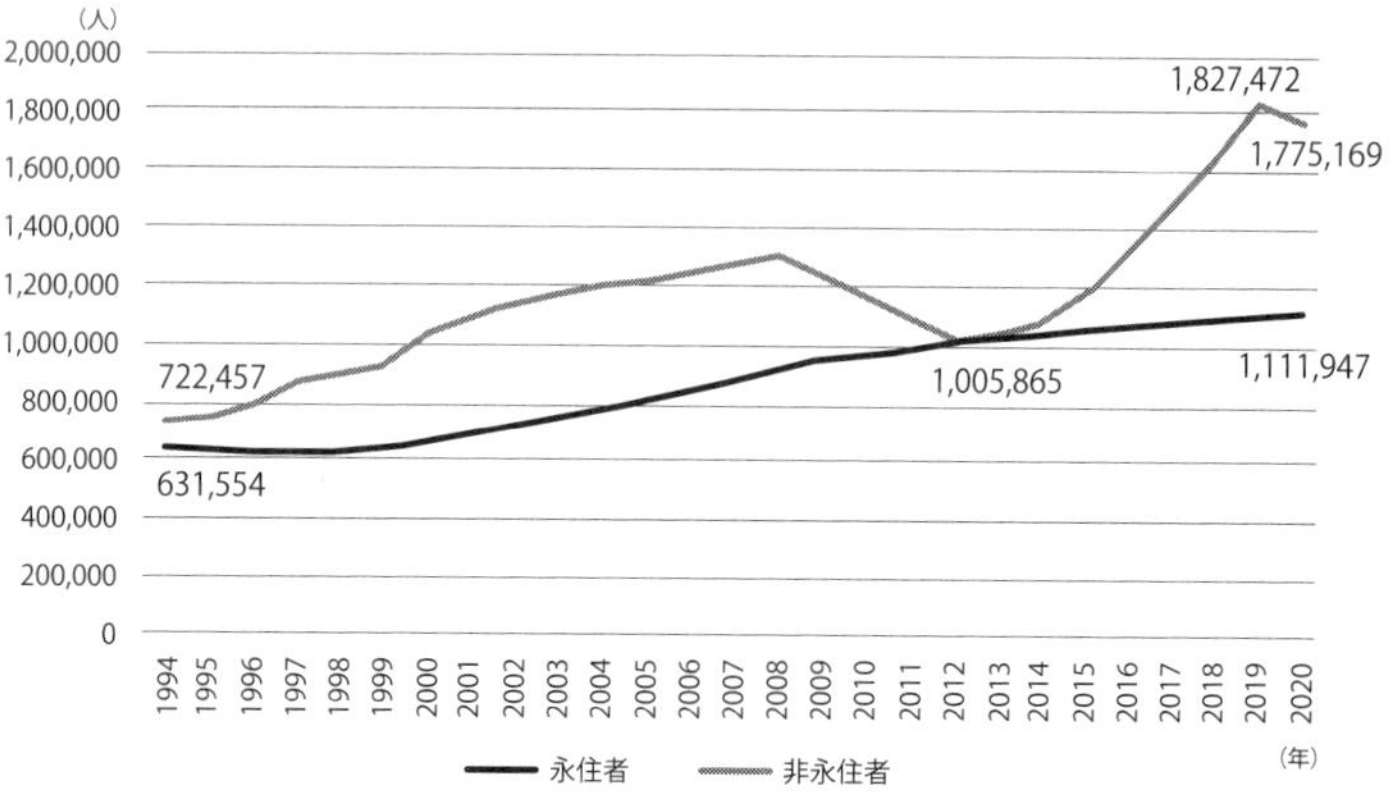

図 2-4　永住者・非永住者別の在留外国人数の推移

（出典　総務省統計局の資料より筆者作成）

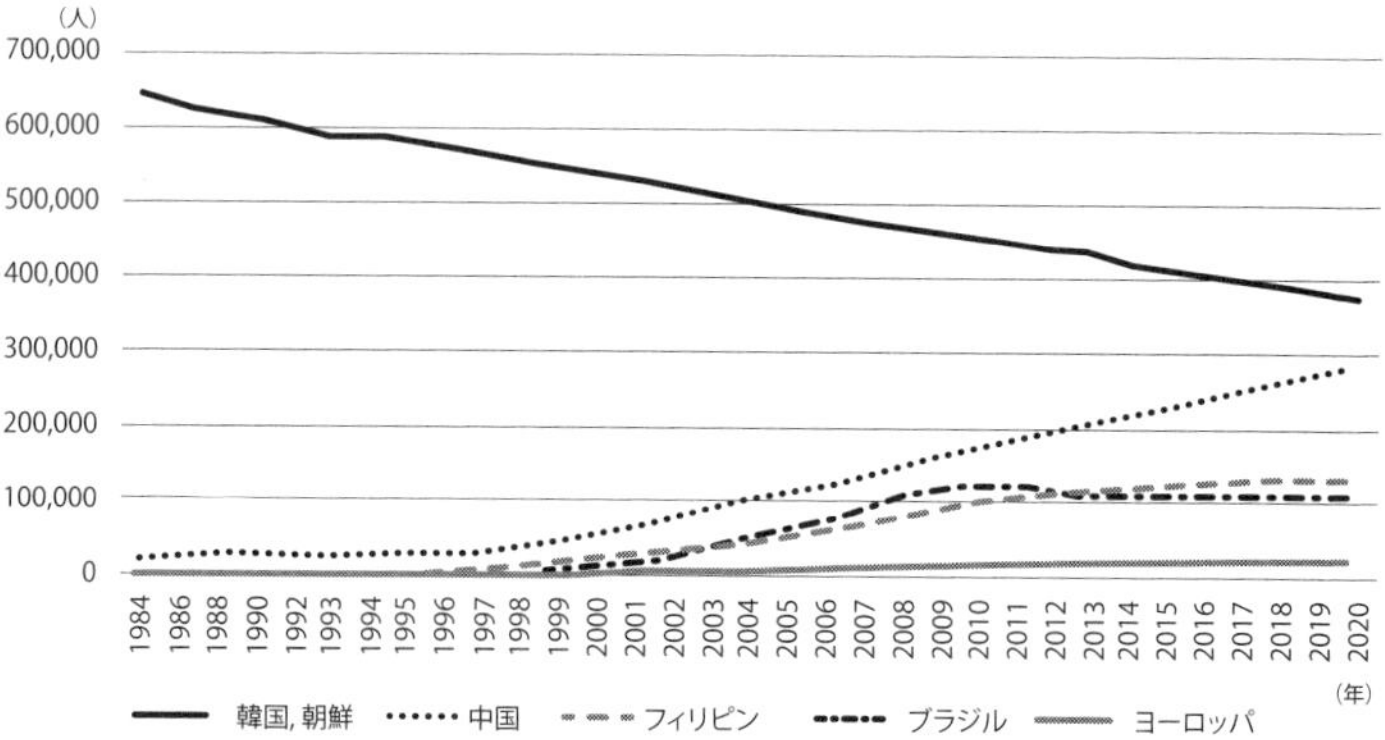

図 2-5　国籍・地域別永住者人口推移

＊ 2015 年以降は韓国と朝鮮は別々に集計されるようになったため、韓国のみを記載

（出典　総務省統計局の資料より筆者作成）

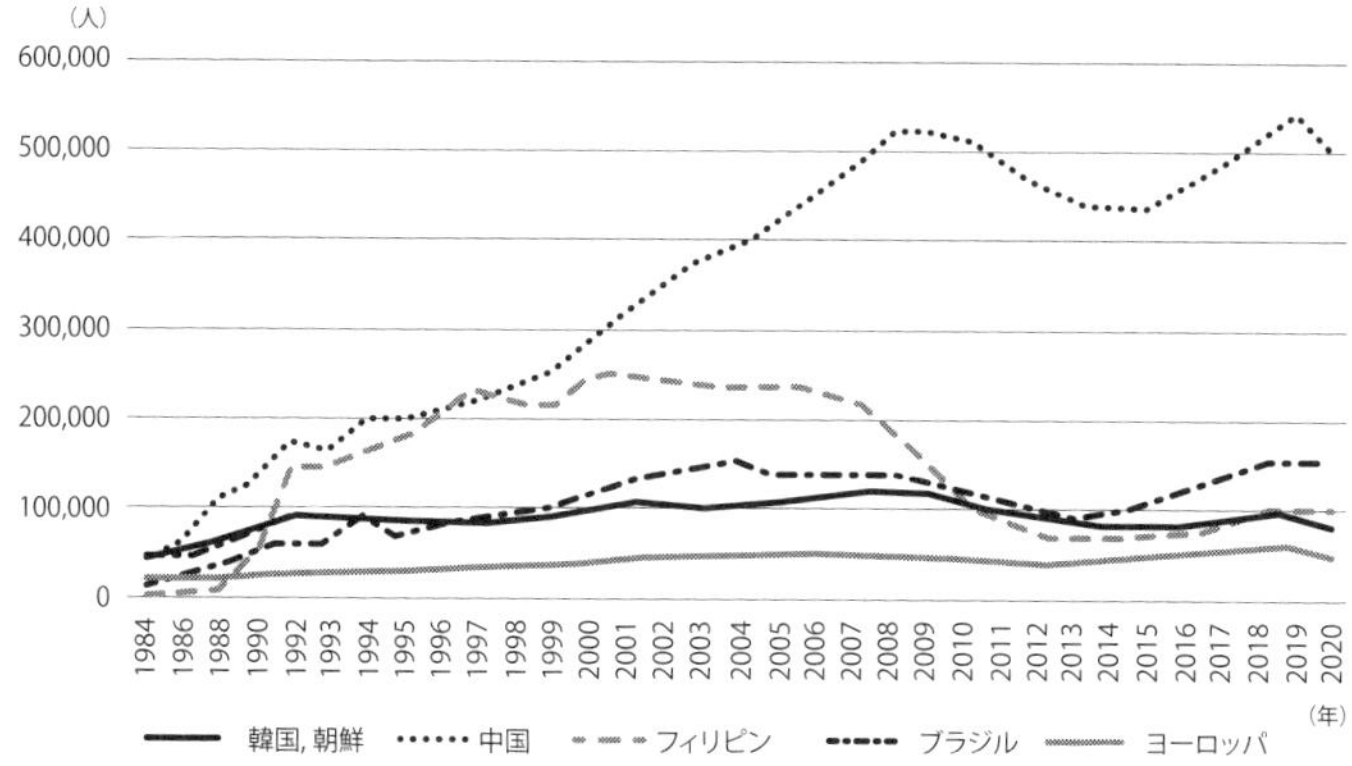

図 2-6　国籍・地域別非永住者人口推移

＊ 2015 年以降は韓国と朝鮮は別々に集計されるようになったため、韓国のみを記載

（出典　総務省統計局の資料より筆者作成）

5・2-6)。外国人永住者数の中でも多数を占めるのは、韓国・朝鮮人である。しかし、その人数は1984年以降、減少し続けている。

確かに2020年時点でも人数のうえで韓国・朝鮮人は第1位であるものの、1999年からは中国人の永住者が、2000年からはブラジル人とフィリピン人の永住者が増加している。つまり、近年の傾向は韓国・朝鮮人の減少を相殺する形で中国やブラジル、フィリピンの永住者の増加がみられるということである。

さらに、国籍・地域別の非永住者数のなかで、韓国・朝鮮人の総数は決して多い方ではなく、1984年以降は中国人、1990年以降はブラジル人の数が急増している。だが、ブラジル人の数は、先述の通り、他国の状況と異なり2006年あたりから急激に減少した。

2　新宿区における在留外国人の多国籍化

つぎは大久保地区のある新宿区に目を向けてみたい。新宿区に住む在留外国人数は、2019年12月時点で、4万3068人であるが、彼らの国籍は極めて多様である（表2-4）。新宿区の住民基本台帳の外国人住民国籍別人口によれば、同時点で、126カ国の出身者が居住している（無国籍者17人を含む）。もっとも多いのは中国人で約1万5000人、つぎに多いのは韓国人で約1万人、第3位はベトナム人、第4位はネパール人となっている（ほぼ同数の約3000人）。この傾向は全国的な傾向と同じだが、全国規模の順位で上位にいたフィリピン人やブラジル人の数は上位にきていない（フィリピンは9位、ブラジルは22位[4]）。

一方、人数のうえでは新宿区内に10人以下しか居住者のいない国が66カ国もある。こういった国の人びとは人数の少なさから同郷の者同士の交流の機会も少なく、コミュニティの形成が難しいことから、他国の人びとより孤立しがちになる。このような問題は、なかなか可視化しづらく対策も立てにくい。

これらの国々から日本にやってくる人びとの数を、経年変化をみながら跡付けてみたい。中国人は2004年から2008年までは9000人台で推移していたものの、2009年に1万人を超えた。その後、1000人単位で増加していたものの、東日本大震災後に増加率が減少し、再び2014年から2016年までは1000人単位で増加してきた。2017年には一時的に

表2-4　新宿区　住民基本台帳人口の外国人住民国籍別人口の推移

（各年12月1日時点）

国籍・地域＼年	2009年	2015年	2016年	2017年	2018年	2019年	対前年末増減率（%）	2009年比増減率（%）	構成比（%）
中国	11,330	14,184	15,258	13,919	14,315	15,296	6.9	35.0	35.5
韓国	14,392	10,205	10,265	10,101	10,300	10,237	−0.6	−28.9	23.8
ベトナム	170	3,251	3,587	3,544	3,539	3,073	−13.2	1,707.6	7.1
ネパール	807	2,831	3,407	3,692	3,534	2,952	−16.5	265.8	6.9
台湾	—	—	—	1,920	1,898	1,955	3.0	—	4.5
ミャンマー	1,271	1,673	1,912	2,195	2,214	1,876	−15.3	47.6	4.4
米国	916	936	1,040	1,051	1,030	997	−3.2	8.8	2.3
総数	35,343	38,785	41,577	42,914	43,550	43,068	−1.1	21.9	100.0
対前年比増減率（%）	—	—	7.2	3.2	1.5	−1.1	—	—	—

＊ 2016年まで「韓国」は「韓国又は朝鮮」、「台湾」は「中国」に含む。

（出典　新宿区公表の資料より筆者作成[5]）

減少したものの、再び増加に転じている。一方、韓国人の場合、２００４年から２００８年までは毎年１０００人前後で増加していたものの、２００９年に増加率が減少し、その後、２０１０年から全国的な傾向と軌を一にして徐々に人数が減少し、２０１２年には中国に追い抜かれている。

新大久保の街を歩いていて韓国一色だった２０００年代から、ベトナム人やネパール人が増加し多国籍化していった転換の時期は、２０１０年代前半だった。２００９年と２０１９年の10年間の増減率をみた場合、中国が35％増、韓国が28・９％減なのに対し、ベトナム人は実に１７０７・６％、ネパール人は２６５・８％という急激な伸びを示している。ここから、全国的な傾向と同じくベトナム人とネパール人の増加が読み取れるが、その増加率は他地域を大きく引き離して高いことがわかる。

第3位のベトナム人は２００４年には67人しか登録されていなかった。しかし、徐々に人数が増加し、２０１４年には１０００人を超え、前年の約4倍に増加した。その後、２０１６年まで増加したが、近年は少しずつ減少している。第4位のネパール人は２００４年の時点ではベトナム人より登録者数が多かったものの、２０１４年の時点で追い抜かれている。ネパール人の数もまた２０１７年までは増加し、その後は減少傾向にある。全国的な傾向とは逆行し、２０１６年から２０１７年を境に、新宿区において両国の住民の数は減少しているのである。

3　大久保地区の在留外国人の増加

では、大久保地区にはどの程度の外国人が住んでいるのだろうか。残念ながら国籍別のデータはないが、町丁ごとの在留外国人数のデータはある（表2-5）。これによれば、２０１７年1月の大久保地区の全住民のなかの在留外国人数の割合は、40％前後となっており、近隣の他地区よりも圧倒的に大きいことが分かる。ただし、この10年の在留外国人比率の増減率[6]を見ると、百人町1丁目と2丁目、大久保2丁目は、7・7から10・5％増加している。新宿区全体の増減率が、2・3％であることを踏まえると、きわめて高い増加率であることが分かる。

とりわけ興味深いのは、大久保地区の中でも大久保通りの北側にあたる大久保2丁目は、日本人住民の数が約5000人とこの10年でほとんど変化していないのにもかかわらず、2007年から2009年のたった2年間に外国籍住民のみ約1000人も増加している点である。これだけ増加すれば、人口密度も高くなり、既存の住民が大きな変化を感じ取れるほどである。これほどの人数が増加した地区は新宿区の中では他になく、明らかに特異な現象だといえる。

しかし、紙幅の関係で表を載せていないが、2017年から2019年のあいだに、大久保2丁目の在留外国人数は約500人、南隣の大久保1丁目も約350人減少している。日本人住民の数は微増している一方、外国人住民の数だけが急減しているのである。家賃の高騰や人口密度の急激な増加による居住環境の悪化など、考えられる理由はいくつかあるが、明確な理由は不明である。とはいえ、それでもまだ全住民のなかの外国人比率は他の町丁に比べて圧倒的に高い。

なお、大久保1丁目の在留外国人比率の増減率が2・6％にとどまっているのは、もともと外国人の居住率が高く、飽和状態だからだと思われる。一方、増加率が比較的高いのは、百人町4丁目であり、この10年で11・7％も増加している[7]。いずれにせよ、全国でも東京都の在留外国人数が多いのは先に確認したが、その中でも新宿区は比較的多く、さらにその中でも大久保地区の外国人住民の多さは際立っている。

図2-7は、大久保地区の4町丁の日本人住民数と外国籍住民数の経年変化をまとめたものである。これを見ると、日本人の住民数は2003年から2020年までほとんど変化していないものの、外国籍住民数は2003年の約6900人から2016年の約9700人まで、約2800人も増えている。大久保地区の人口密度の上昇は外国籍住民の人口増加によるものであった。だが、2016年を境に、外国籍住民数は急激に下降し、ほぼ2003年の水準近くにまで戻っている。この理由は明確ではないが、コロナ禍以前に限れば、人口過密を嫌った人たちが他の地域へ引っ越したからかもしれない。この数年の週末の新大久保駅周辺の混雑は、住み心地の悪さに結び付く。とはいえ、近年の減少を差し引いても、図2-7からは大久保地区の外国籍住民比率の高さは、比較的長期にわたって維持されていることが分かる。

つぎにJR新大久保駅の乗車人数の推移を、日本における韓流ブームや政治情勢と関連づけながらみてみたい（図2-8）。1995年に3万5893人であった乗車人数は、少しずつ減り2003年には3万3369人にまで落ち込んだ。しかし、その後増減を繰り返し、2018年には5万1438人を記録した。

この乗車人数の増加の背景にあるのは、遠方から新大久保を訪れる人びとの存在である。2000年には韓国人アーティストのBoAがデビュー、2001年には韓国映画の「JSA」が日

表 2-5　新宿区　住民基本台帳人口の町丁別人口（一部のみ）　（12 月 1 日時点）

町丁名	2007 年 外国人（人）	2007 年 日本人（人）	2007 年 外国人比率	2017 年 外国人（人）	2017 年 日本人（人）	2017 年 外国人比率	外国人増減数（人）	外国人比率増減率
戸山 1 丁目	67	2,554	2.6%	195	2,308	7.8%	128	5.2%
戸山 2 丁目	311	6,445	4.6%	394	5,417	6.8%	83	2.2%
戸山 3 丁目	48	998	4.6%	91	854	9.6%	43	5.0%
富久町	401	4,956	7.5%	552	6,622	7.7%	151	0.2%
百人町 1 丁目	1,288	2,827	31.3%	1,771	2,611	40.4%	483	9.1%
百人町 2 丁目	1,380	3,065	31.0%	2,117	2,984	41.5%	737	10.5%
百人町 3 丁目	346	5,527	5.9%	398	4,960	7.4%	52	1.5%
百人町 4 丁目	48	1,412	3.3%	406	2,306	15.0%	358	11.7%
大久保 1 丁目	2,085	2,570	44.8%	2,232	2,481	47.4%	147	2.6%
大久保 2 丁目	2,438	5,404	31.1%	3,510	5,534	38.8%	1,072	7.7%
大久保 3 丁目	245	3,647	6.3%	436	3,736	10.5%	191	4.2%
戸塚町 1 丁目	81	176	31.5%	55	160	25.6%	−26	−5.9%
西早稲田 1 丁目	331	4,843	6.4%	631	4,799	11.6%	300	5.2%
西早稲田 2 丁目	607	4,135	12.8%	1,116	4,751	19.0%	509	6.2%
西早稲田 3 丁目	463	6,087	7.1%	920	5,857	13.6%	457	6.5%
新宿区総数	30,337	277,078	9.9%	41,235	297,253	12.2%	10,898	2.3%

＊大久保地区には網掛けをしている。　（出典　新宿区公表の資料をもとに筆者作成[8]）

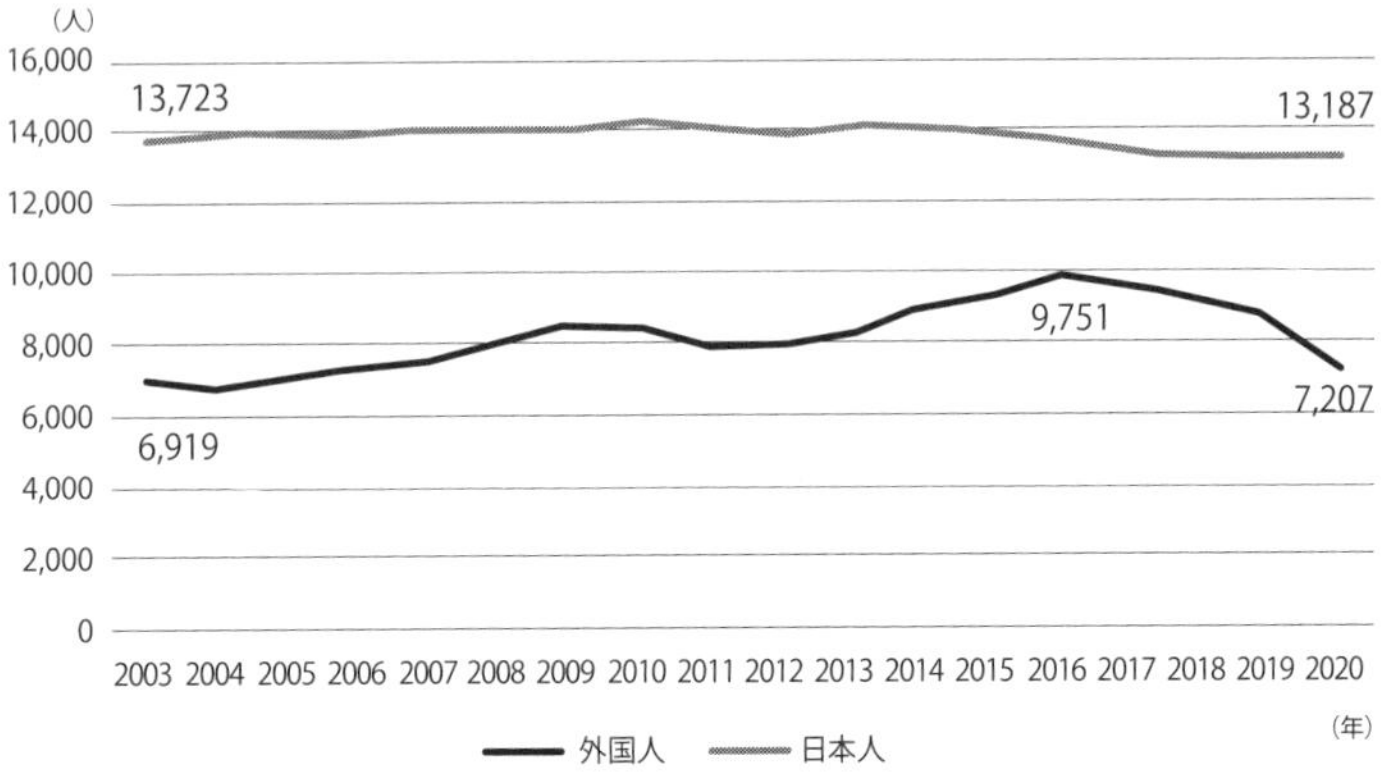

図 2-7　新大久保４地区の日本人住民数と外国籍住民数の推移

（出典　新宿区公表の資料をもとに筆者作成[9]）

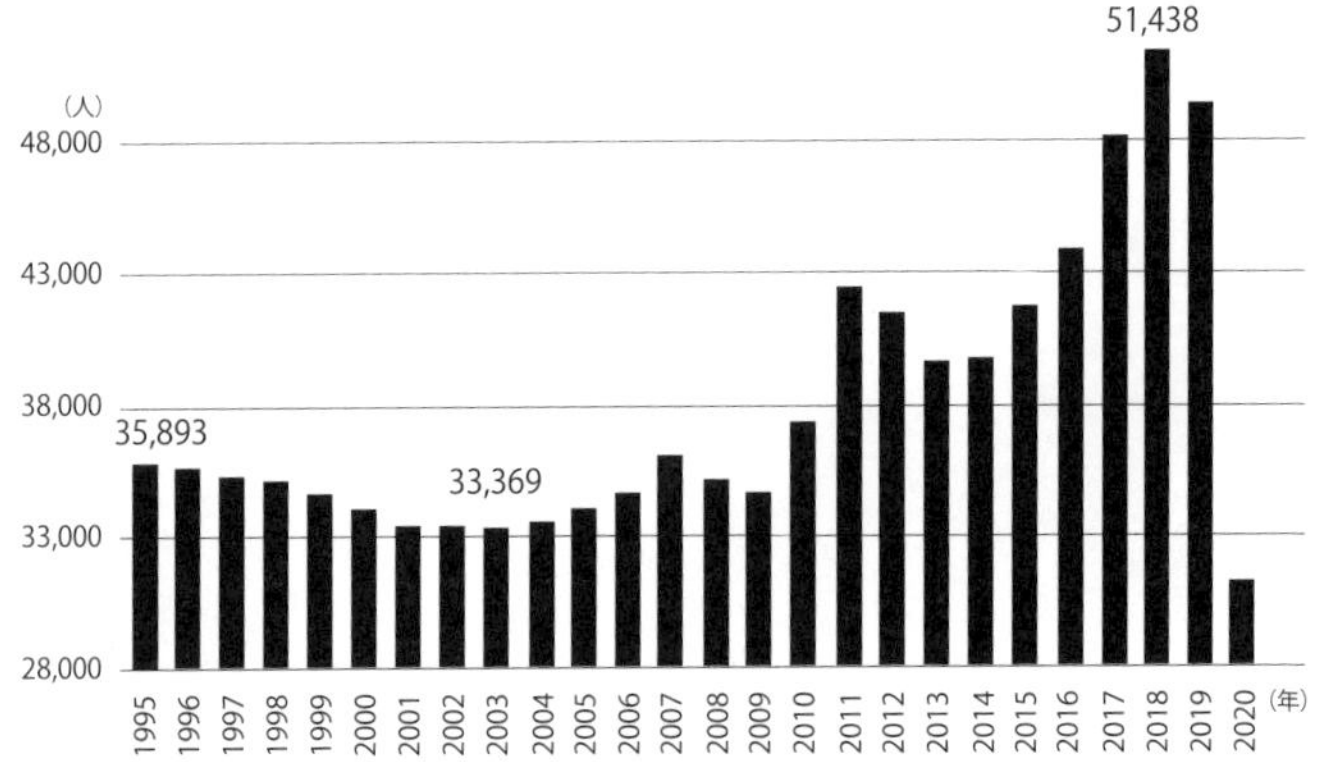

図 2-8　JR 新大久保駅の乗車人数の推移（1 日平均）

（出典　https://www.jreast.co.jp/passenger/2014_01.html より筆者作成）

本でヒットし、韓流ブームの先駆けとなった。2002年には日韓共催のサッカーワールドカップが開催され、若者にとっての日本と韓国の心理的な距離が縮まった。一方、2003年4月から9月にかけてNHKのBS2において、翌年にはNHK総合において「冬のソナタ」が放映され、中年女性の間でブームになった。[10] こういった一連の出来事を通して、韓国の大衆文化を好む人びとが増え、新大久保を訪れるようになった。これが新大久保を「韓流の街」にしたのである。

2008年以降の乗車人数の減少を再度押し上げたと考えられるのは、韓流アイドルブームであった。2009年にはBIGBANGが、2010年2月にはKARAが、同年8月には少女時代が日本でデビューした。東日本大震災があった2011年には「SM TOWNライブ」が9月2日から4日の3日間で約15万人を動員するなど、韓流アイドルブームは頂点を極めた。こうした中で、韓流アイドルグッズを販売する店が立ち並ぶ新大久保も賑わいを見せたのである。

だが、2012年と2013年には新大久保の乗車人数が急激に減少している。2012年8月には李明博大統領（当時）が竹島に上陸、それが引き金となり2013年にはヘイトスピーチデモが新大久保を襲った。こうした政情不安から、韓流ファンは新大久保を遠ざけるようになり、乗車人数にも影響を与えたと考えられる。

その後、再び新大久保は流行の発信地となった。ダッカルビやチーズハッドクなど韓国発の食べ物が話題になると、原宿から新大久保へと若者の流れが変わっていった。2017〜2019

年頃の祝日の大久保通りは歩く隙間もないほどの人だかりができ、それがさらにマスメディアで話題となっていった。

もっともJR新大久保駅の乗車人数がこうした韓流ブームの興隆や政情不安とどれほど関連しているかは正確にはわからない。だが、新大久保一帯が一種の観光地や歓楽街としても機能していることを考えると、単に地域住民の増減のみで図2-8のグラフにあるような乗車人数の変動は説明できないだろう。こうしたデータからも、大久保地区が一時期、韓流ブームに支えられた街であったことが分かる。今日、再び乗車人数が増加しているが、これはベトナム人やネパール人といったこの数年で大久保地区に住むようになった人びとの増加が関連しているはずである。

おわりに

以上、在留外国人に関する統計データを確認しながら、全国的な変化と新宿区の変化を追ってきた。この結果、見えてくるのは以下の点である。第一に、1990年代以降の中国人の急激な増加である。この点では全国的な傾向と新宿区の傾向は同じである。第二に、1990年代以降に全国的にはフィリピン人とブラジル人の数が増加しているものの、新宿区ではそれほど多くないという点である。とりわけブラジル人が少ないのは、製造業に就く彼らの職場が郊外の工場にあり、新宿区が彼らのための雇用を提供できるような地域ではないためである。

第三に、この10年間のベトナム人とネパール人の急激な増加である。新宿区ではこの数年は若干減少傾向にあるが、この点でも10年という期間に目を向ければ全国的な傾向と新宿区の傾向はほぼ同じである。ベトナム人の場合は技能実習生として、ネパール人は料理人や留学生として在留している者が比較的多い。また、ネパール人の場合は家族とともに来日している割合が、ベトナム人よりは高い。

第四に、大久保地区の全住民に対する外国人住民の比率は他地区に比べて極めて高く、外国人密集地区となっている。中でも新宿区全体の傾向としてベトナム人とネパール人が全国的な傾向と比べても急激に増加しており、こうした人びとが大久保地区（とりわけ大久保2丁目）に集中して居住するようになったと推測される。

このような統計資料から見える特徴は、大久保地区を歩いて感じる多くの人びとの実感とも一致しているといえる。新大久保の街にはネパール料理店やベトナム料理店が目立つようになり、行き交う人びとが話す言葉も多種多様になった。だが、こうした急激な居住者や訪問者の変化に、行政がついていけていない。たとえば、近年ではゴミ問題や騒音問題が深刻化してきた。これまでも新宿区はゴミの分別の仕方を知らせるために、説明文の多言語化を進めてきた。次章では、統計データから離れて、こういった新たな課題が生まれつつあるなかで、大学生たちが歩いて見て回った大久保地区の姿を紹介する。

［注］

1　２０１１年以前は登録外国人統計、２０１２年以降は在留外国人統計を利用。以下同じ。

2　公益財団法人国際研修協力機構によれば、技能実習の受け入れ区分には、「団体監理型」に対し、日本の企業が海外の現地法人や合弁企業、取引先企業の職員を受け入れる「企業単独型」というタイプがある。http://www.jitco.or.jp/system/seido_enkakuhaikei.html（検索日２０１７年11月28日）

3　タイの料理人のみ、10年ではなく5年以上の実務経験で技能ビザは取得可能である。

4　第6位にミャンマーが来ているのも特徴的である。これは新宿区高田馬場地区にミャンマー人のコミュニティがあり、難民認定された方々が住んでいるためだと思われる。

5　http://www.city.shinjuku.lg.jp/kusei/file02_00029.html（検索日２０２１年11月9日）

6　これは在留外国人数の増減率ではなく、全住民のなかの在留外国人の割合がこの10年でどの程度、増減したかを示す数値である。したがって、在留外国人数の増加に伴って日本人住民の数も増えれば、この増減率は低くなるが、日本人住民の数にほぼ変化がなく、在留外国人数のみ増加すれば、この割合は高くなる。

7　百人町4丁目は、東は山手線の線路、西は小滝橋通りに挟まれた東西の細長い一区画で、複数の都営のアパートが立ち並び、区画のほとんどを占めている。また、小中学校、労働基準監督署、障害者生活支援センターなど新宿区の施設がいくつもある。

8　http://www.city.shinjuku.lg.jp/kusei/file02_00025.html（検索日２０２１年11月9日）

9　http://www.city.shinjuku.lg.jp/kusei/file02_00025.html（検索日２０２１年11月9日）

10　その後、２００５年にはＮＨＫ総合において「宮廷女官チャングムの誓い」が放映されたり、韓国映画「私の頭の中の消しゴム」がヒットしたりするなど、韓国発のテレビドラマや映画が数多く日本国内でヒットしている。

大久保地区の店舗の変化

ヘイトスピーチが最高潮に達した2013年頃から、新大久保を訪れる観光客が減少し、多くの店舗が閉店を余儀なくされた。第一章に記した通り、2011年に約500店あった韓国系店舗は、2016年末には約200店が閉店した。では、実際にどの店舗が閉店し、その後、どういった店舗に変わったのか。

本調査実習に協力していただいた鈴木琢磨さんは、2013年に「街飲み@新大久保MAP」というパンフレットを作成していた。そこには新大久保にある約100店の情報が、地図上に掲載されている。私たちはこの店舗情報をもとに、2017年8月、どの店舗が現存し、どの店舗が新しくなったのかを、一軒一軒歩きながら記録を取っていった。ただし、時間の関係で私たちが確認できたのは、52店舗のみとなった。

私たちが歩いたのは、新大久保駅から大久保通りを東に向かい、通称イケメン通りに入り、そのまま靖国通りに突き当たったところで、ふたたび大久保通りまで戻り、引き続き大久保通り沿いを東に向かった。そして、明治通りに突き当たったところで南側に歩き、東新宿駅の交差点を右折し、職安通り沿いを西に向けて進んでいった。最後に、山手線の線路沿いの道を北側に向かい、新大久保駅に戻った。

調査の結果、2013年から変わらず現存している店は23店、新しい店に変わっているか閉店したままになっている店は29店あることが分かった。2013年に開いていた店の実に半数以上が閉じていたのである。

鈴木さんは「このMAPに載っている店のほとんどは潰れているだろう」と言っていたが、そこまでではなかった。しかし、それでも半数以上が閉店しているという事実は、大きな衝撃であった。

以下では、この変化について、もう少し細かく見ていこう。

1　通りの場所によって異なる閉店の割合

全体としては半数以上が閉店していたものの、通称イケメン通りに限ってはほとんどの店がつぶれていた。イケメン通りは韓流ブームの中心地となり、原宿の竹下通りと比べられることがある。ヘイトスピーチによりブームの波が引いたことにより、一気に閉店に追い込まれたのだと思われる。

2　「居抜き」の多さ

新大久保駅周辺の店舗は、類似の韓国料理などの飲食店に切り替わっている割合が多かった。変化した店の中には、外装はそのままで中身の店のみ変わっている、いわゆる「居抜き」店舗が多かった。居抜きであれば、開業資金は比較的少なくて済む。リスクの低い店舗経営が可能となる。

3　店舗の種類の変化

2013年と2017年の韓国系飲食店の店舗数はどちらも26店と、数のうえでは変化がなかった。

Column 2

しかし、2013年に4店あったマッサージ店はすべて潰れており、サロンや花屋、韓国料理店、チェーンの飲食店に変わっていた。また、2013年に2店あった占い店も両方潰れていた。その片方は土産物屋に変わり、もう一方は2017年時点で工事中であった。2013年には1店もなかったベト

店NO	2013年	2017年
50	韓サラン本館（店名） 韓国料理（ジャンル）	変化なし
51	韓サラン別館 韓国料理	K-STATION お土産
52	C bar bar	ソウル市場 お土産
53	豚ぽちゃ 韓国料理	980トッポギ 韓国料理
54	舌鼓 居酒屋	変化なし
55	TOP 韓 韓国料理	（工事中）
56	スクールフード 韓国料理	変化なし
57	水宝館 韓国料理	変化なし
58	ワールドカップ 韓国料理	変化なし
59	カムザコル 韓国料理	（別の飲食店）

図コラム 2-1　新大久保の店舗調査

左列が 2013 年の店舗、右列が 2017 年の店舗。それぞれのサムネイル写真とともに店名を書き入れた。

Column 2

ナム料理店が、2017年には韓国料理店の跡地にできていた。

以上、3点に絞って、2013年と2017年の店舗比較を行ってみた。今回の調査結果は（箕曲編 2018）に詳細を記している。だが、今回の調査で対象とした約50店舗は、大久保地区の店舗のごく一部である。また、変化の激しい大久保地区では、本書刊行時点とも大きく異なるであろう。とはいえ、こういった地道な調査から発見できることも多々あるはずである。今後、同様の調査に挑戦したいと思う人が現れることを望む。

第三章

学生たちがみた新大久保

はじめに

17の国と地域におよぶ170軒以上の飲食店が立ちならぶ多国籍タウン新大久保は、街を歩くだけでも、ちょっとした異文化体験が味わえる場所である。韓国はもちろん、中国やタイ、インドネシア、ネパール、ベトナムなどアジアのさまざま国の料理を味わえる店が、東西に延びる大久保通りの両脇、そしてその路地に所狭しとならんでいる。さらにインドネシアといっても、ジャワ料理やバリ料理など、一国の中でもその地方料理に特化した店まであるのだ。

もちろん、飲食店だけではない。大久保通りを歩けば、街路のスピーカーから24カ国語でアナウンスが流されている。イスラム横丁を歩けば、香辛料のかおりが店の外まで漂い、どこか中東の国に迷い込んだかのような気分にさせてくれる。そして、よく見てみると、街のいたるところにふだん見慣れない文字がたくさん目に入る。不動産屋や海外送金店、美容室、雑貨店は外国人を主なターゲットとしている。そして、こうした外国人の生活に欠かせない教会やモスクまである。

多くの学生にとって、新大久保は歩くだけで異文化への興味を掻き立ててくれる絶好の場所となる。私たちは、本格的な聞き取り調査を行う前の6月上旬の週末のある日、「新大久保エクスカーション」と題して、半日、班ごとに大久保地区を歩くイベントを開催してきた。この日は、午前中に第一章で紹介した鈴木琢磨さんの会社に集まり、鈴木さんの話を聞いた後、学生たちは班ごとに地図を広げて、街歩きのルートを決めた。

私からは街歩きのポイントを数点、説明した。

①自分と同じ目線の高さばかりではなく、たまには目線に上にあげて、建物の2階以上に何があるかを確認してみる。
②表通りだけではなく、路地にも入ってみる。ただし、そこは生活の場なので、集団で騒いだり、じろじろ見たりしないほうがよい。
③建物だけでなく、すれ違う人びとの様子にも目を向ける。
④現場で気になる対象に出会ったら、あらかじめ地図に記したルートから外れても構わない。

むしろ、積極的にルートから外れてほしい。
⑤気になる店に入り、できれば店員に話を聞く。
⑥飲食店ばかりではなく、宗教施設や公共施設（図書館など）にも目を向ける。
⑦写真をメモ代わりにして、たくさん撮影する。ただし、人物や店内のものを撮影する場合は、必ず相手に許可をとる。

ただの街歩きではなく、あくまで街の様子を知るために歩いているということを自覚してもらうために意識づけをしておくことが大事だ。以前、学生と一緒に街歩きをしていた際、路地に入った途端、「ここには何もないですね」と言って、大通りに戻ってしまった者がいた。私はすかさず、「何もないわけがない。住民がいるではないか」と諭した。このように言わなければ、学生の目線は目立つもののみに集中してしまい、エクスカーションの意味がなくなる。このエクスカーションでは、学生をただ歩かせるのではなく、何らかの気づきを得てもらうという目的をもった状態で歩かせているのである。その結果を、次節以降で紹介したい。

本章では、第四章の生活史インタビューのなかで、たびたび出てくる新大久保という街の諸相を、学生の目線で記述していく。大久保地区に馴染みのある読者はすでに知っていることばかりかもしれない。そういう人は本章を読み飛ばしてもかまわない。しかし、大久保地区を一度も訪問したことのない方々は、本章の記述を通して街の外観をイメージしてもらいたい。

1 語学学校の密集地

街歩きのなかで、自分の目線と同じ1階ばかりに注目していると、なかなか目に入ってこないのが、語学学校である。語学学校は多くの場合、建物の2階以上の場所にある。日本語教育振興協会認定校335校のうち、大久保1～2丁目と百人町1～2丁目にある日本語学校は11校であるという（2015年11月現在）[1]。ただし、日本で大学進学を目指す人向けの日本語学校だけでなく、日本人向けの韓国語教室など大久保地区にある語学学校の種類は多様である。2017年にエクスカーションに参加した学生はつぎのように記した（以下、網掛け部分は学生の記述）。

新大久保駅周辺を歩いていると、さまざまな国籍の人々が行き交っていていた。そこでよく目にしたのが語学学校に通う学生だった。想定していた通り、新大久保駅周辺には非常に多くの語学学校を見つけることができた。新大久保にしか語学学校がないというわけではないが、新宿区の狭い範囲に語学学校が集中しているようだ。中には日本語ではなく、ハングルや中国語、ネパール語、ベトナム語など、複数の言語を記した語学学校の看板も見た。語学学校に通う学生は、日

写真 3-1　2階以上に多い日本語学校

本語ではなく、おそらく母語で会話をしていた。建物の2、3階に多く立地しているという印象をもった。語学学校が大久保地区に集中することで、周辺に住む外国人が増えるのではないかと思う。（2017.6）

2 新大久保のゴミ問題

新大久保商店街の武田事務局長の話では、商店街の喫緊の課題の一つはゴミ問題であるという。新宿区の「多文化共生実態調査」（無作為抽出した外国人と日本人7000人が対象）では、「近所に外国人が住むことで感じるのは」という問いに対して、「ゴミの出し方が悪くならないか心配」という回答が多数あった（全体の47・6％）。大久保通り沿いはもちろん、路地に入っても、頻繁に目にするのは、可燃ゴミと不燃ゴミ、粗大ゴミの混在である。この問題の原因の一つは、国外からやってきたばかりの人たちに新宿区のゴミ分別および回収のルールが共有されにくいことにある。

もちろん、新宿区もゴミ集積所の表示を多言語化するなど、さまざまな努力をしている。しかし、それでも住民に周知されないのである。私は東南アジアのラオスに住んでいたことがある。ラオスの農村でも、行政によるゴミ分別やゴミ回収のルールが住民に周知されていないため、村中に不燃ゴミが散らばっている。一度身についた習慣を変えるのはなかなか難しい。

学生たちが街中を歩いていても、やはり目につくのはゴミである。

鈴木琢磨さんによれば、実際に起こった体験談として、「可燃ゴミを捨てる日に、大きい机のような粗大ゴミが捨てられていた」など、ゴミの出し方があまりよくない外国人がいるという話があった。実際に新大久保周辺を歩いてみると、山積みのゴミをいくつも発見することができた。また、ゴミを集める場所ではないと思われる場所にもゴミが置かれていた。総じて、あまりゴミの出し方がよくなかった。

エクスカーションの後に新宿区のゴミの分別ルールについて調べた。可燃ゴミとペットボトルとプラスチックは全て別日に回収されるそうだ。だが、この写真のゴミの中には、可燃ゴミとペットボトルとプラスチックがすべて混在していた。

私の地元では、ゴミ専用の袋を購入して、それを使用しないとゴミをもって行ってもらえないシステムだ。だが、この写真のように、分別されていないゴミが投棄されていると、近隣住民でない通行人がポイ捨ての場所として、ここを利用してしまう恐れがある。

また、放置自転車も多く見られた。警告の札を張られた自転車がいくつも置いてあり、係員の方が実際に警告の札を貼って取り締まっている瞬間も目撃した。鈴木さんの話では、自転車の駐輪やゴミ出しなどの細かいルールを知らされていない外国人も多いという。

（2017.6）

もちろん、この学生が見たゴミが外国人によって出されたものであるか確認できていない。したがって、学生のこの見解には一定の留保が必要である。とはいえ、ゴミ問題が存在すること自体は変わりない。

新大久保を歩いていてよく目に付いたものの一つにゴミの山が挙げられる。ゴミの山は道のいたるところにあり、写真3-2のようにゴミ捨て場ではないところにも当たり前のように積まれてしまっていた。中には、写真3-3のように明らかにポイ捨てと思われるものも数多く見受けられ、ゴミが散乱しているという印象を受けた。

写真 3-2　放置されるゴミ

写真 3-3　道端に散乱するゴミ

写真 3-4　椅子のような粗大ゴミ

私たちの班では新聞検索の際にも、ゴミの不法投棄問題についての記事を見つけていたが、それは２０１２年の記事であったため、５年も経てば少しは改善されているのではないかと考えていた。しかしゴミ問題は未だに解決されていないことがわかり、思っていた以上にゴミの不法投棄問題は深刻であると実感した。

続いて、写真3-4は今回街歩きをしていた中で最も多く積まれていたのではないかと感じたゴミの山である。右側には椅子がいくつか置かれているのが見える。この椅子のような粗大ゴミが街中に普通に捨てられていることに衝撃を受けたのは私だけではないだろう。(2017.6)

集積所に出してよいゴミの種類が曜日ごとに異なることや、燃えるゴミや燃やせないゴミ、再利用可能なゴミを分けるといった習慣は、今日、日本社会に生きる多くの人が身につけている。もっとも、日本でも昔からこういったゴミ出しルールを全員が守ってきたわけではない。こういった習慣は行政の指導を通じて時間をかけてつくられてきたものである。しかし、こうした習慣が空気のように自然なものとして身についている人たちの中に、この習慣が身についていない人が突然やってきても、すぐに合わせられるわけではない。

このゴミ問題に対し、自治体が何も対策をとっていないわけではない。つぎの学生が記述してくれた通り、よく見ると、ゴミ集積所には多言語でゴミ出しルールが記されていたり、いくつかの言語で不法投棄厳禁と書かれた案内板が街中に設置されたりしている。とはいえ、私たちがエクスカーションをしていた２０１７~１９年の時期には、近年増えてきているベトナム人やネパール人が読める言語では記されていなかった。

ゴミ出しの看板に表記されている言語は日本語の他に英語、ハングル、中国語で、ゴミ置き場に看板は貼られていた。比較的、簡単な英語で書かれているが、英語を読めない人も多い。看板やチラシに表記できる言語は限られているので、英語や中国語がわかるかどうかにかかわらず、地域ぐるみで教えあうことが重要だ。(2017.6)

写真 3-5　資源・ゴミ集積所の案内

写真 3-6　日本語とそれ以外の４言語で書かれた不法投棄に対する警告

写真 3-7　不法投棄の実態

新宿区では、２０１７年時点で、区のウェブサイトを通して、英語、韓国語、中国語、ベトナム語、ネパール語、ミャンマー語、日本語を含め7カ国語でゴミの出し方と分別の仕方を記した説明書をPDFファイルとしてダウンロードできるようにしていた。もちろん、ウェブサイトに自らアクセスしない限り、このPDFファイルの存在を知ることができない。新宿区も大久保図書館などの公共施設において、この冊子を入手できるようにしている。だが、こういった施設は万人が利用するわけではないため、やはり目に入らない人も多いだろう。この情報を調べてくれたのは、中国からの留学生の受講者だ。彼女もつぎのように記した。

2014年から日本に住んでいる外国人である私も、今回の調査でゴミの出し方が外国語で書いていることをはじめて知った。私は日本語がわからなかった当時、辞書を引きながらゴミの出し方の説明書を読んだ記憶がある。私のようにこの情報をいまだに知らない外国人が多くいる。そしてこの情報をみんなに積極的に知らせるべきだ。

それが円満に行われるためには、自治体の積極的な努力は当然必要である。だが、日本という外国に住んでいる外国人たちには分からないことがあれば、自ら調べたり聞いたりする態度も必要である。(2017.6)

新宿区のゴミの出し方にはつぎのような文言がある。

「燃えるゴミについてはふたつきの容器か中身の見えるポリ袋に入れて、週2回収集日の朝8

時までに出してください。ダンボールはたたんでばらばらにならないようにひもでしばって、収集日に所定の集積所へ朝8時までに出してください」

こうした複雑なルールを、外国から来た人たちにすぐに理解してもらうのは、難しいかもしれない。学生たちにとっては、「できて当たり前」と思うかもしれないが、数十年前の日本でも、このルールが全国的に守れていたのかどうかは怪しいところがある。この前提で、少しずつ改善していくしかないのだろう。

もっとも、ゴミ問題の責任を外国から来た住民だけに押し付けてはならない。大久保通り沿いで目立つのは、住民が出したゴミよりも、街を訪れる人たちの出したゴミである。最後に、ある学生が住民に聞いた話を掲載しておく。

新大久保駅に向かい、高架下を通り、大久保通りを歩いた。調査した日が日曜日だったため、ホットクのお店にはたくさんの人が並んでいた。大久保2丁目の路地に入ると、花壇のわきにお弁当のゴミが放置されていた。そこに、ゴミを片付けようとしている近所に住む方がいた。そして、新大久保のゴミ問題についてお話を伺うことができた。

その方によると、近年、韓国料理店が増えたため、道の端に食べ物の食べ残しのゴミなどがそのまま捨ててあることが多くなったそうだ。普段は近くにある国際文化学校という日本語学校の清掃員の人と協力してゴミを回収しているそうだ。ホットクのお店を経営する社長や町内会の会長ともゴミの対策について話し合いをしているそうだが、一向に改善しないそうだ。

近所に住む人は栄えている大久保通りにはあまり行かないそうだ。

「こういうところで食べ物を食べるのは構わないから、ゴミだけはちゃんと責任をもって捨ててほしい」とおっしゃっていた。

私たちは、観光客が増えることによって、時にはその周辺に住んでいる人々の生活に悪影響を与えることを意識しなければいけないと感じた。

つぎに、大久保通りをもう少し進んで、イケメン通りに入った。公園の入り口でタバコの吸殻や飲みかけのタピオカが置いたままになっていた、周辺には不法投棄禁止の張り紙があるにもかかわらず、多くのゴミが捨てられていた。また進んでいくと、タバコのゴミやガムが捨ててあるのがよく目についた。ゴミの分別方法が書かれた張り紙には、日本語、韓国語、中国語で書かれていたが、そのほかの国の言語はなかった。

写真 3-8　不法投棄警告の案内のすぐ右にある飲料のゴミ

私たちは、ゴミを捨てて行く人がいることで地域の住民が迷惑しているということを新大久保に来る人々に知ってほしいと感じた。(2017.6)

3　多機能な店舗

新大久保には、外国人向けの店舗を数多く見ることができる。ふだん日本で生活していると入ることのないような場所に、あえて入ってみることによって、その場所がどういった機能を果たしているのかを知る機会が得られる。

外観からは、一見、飲食店のように見えたとしても、中に入ってみると、食材店を併設していたり、外貨両替が可能であったり、人びとの情報交換の場になっていたりすることがある。個人経営の飲食店の場合、私的な空間であるといえるが、他方で同郷の人たちが集い、語らう公共的な性質も帯びている。

このような半公・半私的な空間は、客として学生が入ってもあまり拒絶されることがない。新大久保の外国人のネットワークに入るためのエントリーポイントとして、たいへん貴重な場である。学生たちは、このような店舗に入り、外国を旅している気分に浸りながら、興味や関心の向くままに、五感を通して店の様子を経験する。

また、イスラム横丁のあたりを歩くと、ハラルフードの食材店を見つけることができる。日本においてムスリムの集まる街は新大久保だけではないが、ハラル料理が気軽に味わえるうえ、さまざまなハラルフードを知る機会が得られるのは、新大久保の魅力の一つである。

イスラム横丁のマンションの二階に、食材店と料理店を併設した店があった。外から見ても分かりやすいようにネパール国旗が掲げられていた。店に入った瞬間から独特のスパイスの香りがした。店主はネパールのグルン人で、家族と来日したわけではなく、一人で来日して商売をはじめ、日本に来てから従業員を雇ったそうだ。従業員の一人にお話を伺うと、日本に来てまだ3年だとおっしゃっていたが、流ちょうに日本語を使っていて驚いた。また、急に店にお邪魔したにもかかわらず、店の皆さんは私たちのことを笑顔でやさしく迎えてくださり、とても温かい気持ちになった。

店について話を伺うと、店には三つの機能があることが分かった。店の半分はネパールのレストラン、もう半分はハラルフードの食材専門店、また専門店の奥の窓口では外貨両替ができるようになっている（写真3-9）。

まずは食材店のほうから紹介する。窓口の左側に棚があり、そこにはたくさんの豆や米の袋が置かれている。米はカリフォルニア米やバスマティライスなど10種類以上はあった。また、豆は数

写真 3-9　店内の様子

え切れないほどあった。MOSOOR DARY という緑色の豆があったので調べてみると、日本名はレンズマメだった。水戻し不要で、すぐに調理ができる豆だった、料理レシピサイトだと1000点以上のレシピがあり、主にスープやカレーに使われていた。

店内は豆と米だけでなく、箱に入ったレトルト食品のようなものが多くみられた。写真に写っているのはビリヤニという料理のスパイスだ（写真3-10）。ビリヤニはインドやその周辺国で食べられているスパイスと肉の炊き込みご飯のことである。パエリヤ、松茸ご飯と並び、世界三大炊き込みご飯の一つとも称されているそうだ。ビリヤニはイスラム教徒の結婚式でお祝いの食事とされているだけでなく、屋台でも日常的に食べることができ、国民食として幅広く愛されている。

また、写真3-11は、一羽分の鶏肉を食べやすい大きさにカットしたものだ。上に書いてあるPADMAとは有名なハラルフードを取り扱っている会社名である。右下にはハラルフードであることを示すマークも入っていた。

つぎに、店のもう半分であるレストランのメニューを紹介する。

写真 3-10　レトルトのビリヤニ

写真 3-11　カットされた鶏肉

おすすめの料理はメニュー上の三つの料理で、左からソルティー・グルンデイドウ・セット、ソルティー・カージャ・スペシャルセット、ソルティー・ネパールイスペスル・セットだそうだ。一番左のセットの真ん中にある黒いものは、ディードである。ネパールには、そば粉を他の食物と一緒に練った主菜であるディードをおかずと食べる習慣があり、この店ではその体験ができる。また、メニューの下に学生セットがある。近くに日本語学校があり、その生徒が多く来店するため、学生セットを用意している。だが、学生以外でも注文は可能だそうだ。

4 八百屋の多さ

鈴木琢磨さんの話で興味深かったのが、八百屋の多さである。私が大久保通りを中心にその路地まで歩いて確認したところでは、8軒の八百屋を確認できた（2017年6月時点）。店主は日本人の場合もあるが、そうでないこともある。学生たちも気になって、八百屋に入って話を聞いていた。

新大久保では八百屋を多く見つけた。その中でもお客さんが多くいた「新宿八百屋」という八百屋に着目した。

写真3-12から、日本産のメロン以外に韓国産のメロンが売られていることがわかる。メロンが入っている段ボールも韓国語表記である。他にも、私たちの地元にある八百屋では見たことのないような野菜や果物が多く陳列されていた。

また、お客さんの大半は外国人であった。この八百屋の9割のお客さんは、アジアやアフリカ諸国出身なのだそうだ。また、24時間営業のため、お客さんは深夜でさえも絶えず訪れるという。

まず目に入ったのが、韓国産の野菜「エホバク」である(写真3-13)。調べてみると、韓国ズッキーニとも呼ばれていることが分かった。レシピサイトで検索してみると、ナムルやチヂミなどのさまざまな韓国料理に使われていることが分かった。

肉のコーナーを見ると、多くがブロック肉であった。普段よく行くスーパーでは、挽肉や細切れ肉の品揃えも豊富だが、この八百屋ではあまり見られなかった。韓国料理のサムギョプサルなどに使われていると推測した。

また、品物を入れているダンボールには、さまざまな言語が印刷されてあった。このこと

写真3-12　韓国産のメロン

写真3-13　韓国野菜のエホバク

から、商品の仕入先の国が多様であることが分かった。しかし、日本産の商品がまったくなかった訳ではない。店に入る前に予想していたよりは、多かった。(2017.6)

5 街中に見られる外国人向け情報

街はその存在自体が、一つの情報伝達の場となっている。店の看板の言語は多様だ。韓国語、中国語、タイ語、ベトナム語、ネパール語、アラビア語くらいはすぐに見つかる。

店の看板だけではない。電柱にはタイ語やハングルで書かれた広告を数多く見かける。タイ語のほうは質屋、ハングルのほうは不動産屋の広告であった。ほかにも歯医者の広告もあった。こういった広告からも、外国人の生活に必要な情報を読み取ることができる。

外国人が多く住む場所には、たいていその出身国の言語で書かれたフリーペーパーを目にすることができる。私にとってなじみにあるタイのバンコクやラオスのヴィエンチャン、インドネシアのバリ島でも、日本人向けのフリーペーパーがあった。そこには、その地域の日本人向けの情報がコンパクトに掲載されている。日本でも事情は同じである。新大久保の街角で手に入るのは、韓国人向けとベトナム人向けのフリーペーパーであった。

写真 3-14　タイ語とハングルの電柱広告

下の写真にある韓国語で書かれている生活情報誌の入ったボックスを街中で多く見かけた。この生活情報誌（新聞）は「ハント」と呼ばれるもので、毎月発行されている。中には新大久保の地図やクーポン、店舗紹介や語学教室の紹介が掲載されていた。（2018.6）

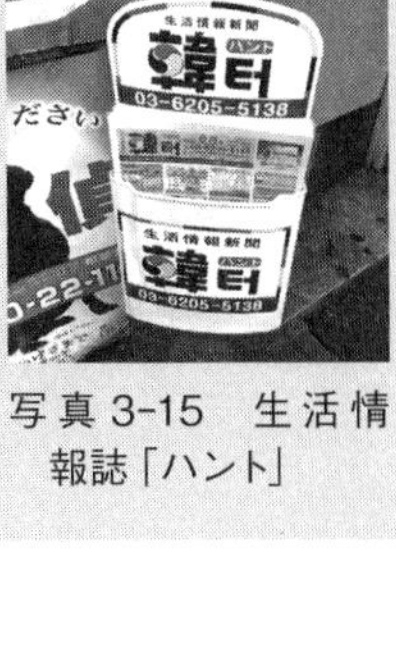

写真 3-15　生活情報誌「ハント」

『ビョルク新聞』というフリーペーパーを持ち帰ってなかを見てみた。ビョルク新聞は、在日コリアンや留学生のための生活情報誌である。記事の内容としては、求人や不動産、学校、行政、旅行などの生活情報が載っている。中には路線図も記してあった。とても実用的なフリーペーパーである。この情報誌の置いてあった場所の目の前には日本語学校があり、日頃たくさんの国の人が行きかう場所であると想像できた。（2017.6）

韓国人向け新聞が多い中で偶然、在日ベトナム人向けの生活情報新聞を見つけた。これにはベトナム人の生活に必要な新宿区内のさまざまな店の情報が掲載されていた。気になったのは、韓国人によって発行されている点だ。ベトナム人向けに、韓国人が新大久保の情報を伝えているのはとても不思議でならない。（2018.6）

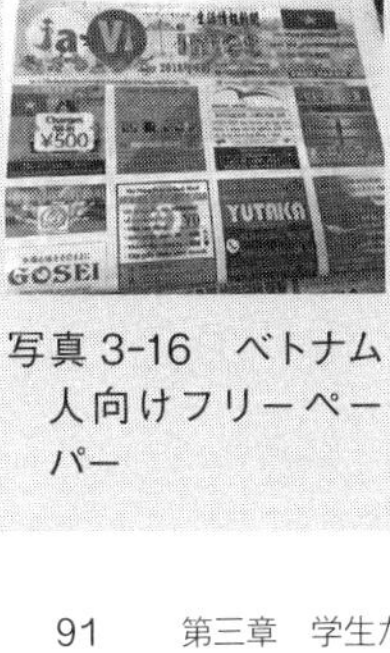

写真 3-16　ベトナム人向けフリーペーパー

街で見かける外国人向け情報は、電柱の広告やフリーペーパーだけではない。不動産屋の前に建てられた物件情報も、また外国人対応が可能であることをアピールする機能を果たしている。各国の国旗を並べた物件情報のパネルなど、新大久保以外ではなかなか見ることができない。

「J Room」という不動産屋の掲示では、数多くの大久保地区の住宅が紹介されており、韓国をはじめベトナム、ネパールなどの国旗も一緒に描かれていた。新大久保のこの店舗では日本語以外の言語を話せる社員を起用しているらしく、それが一目でわかる掲示であった。

日本語がほとんど話せずに、知人や頼れる人がいない状態で来日して、いざ住む家を見つけようとするのはかなり難しいことであると、授業内でも学んだ。しかし、そんな彼らにとって言葉が通じる環境で部屋を見つけられるのであれば、かなり安心するだろう。(2017.6)

写真 3-17　不動産屋の物件情報

不動産屋のように、数多く集まる外国人に特化したサービスを提供する店が増えている。不動産屋以外にも、美容室など日本人向けの店では十分対応できない種類のサービスを提供する店が生まれてくる。

日本の美容室とまったく異なり、看板はシンプルで分かりやすかった。日本語以外に、ハングルでも書かれていた。ネットで調べたところ、この美容室のスタッフの中には、韓国はもちろん、中国人やネパール人のスタッフもおり、韓国語、英語、中国、ネパール語で対応できることが分かった。とてもグローバルな美容室だった。(2017.6)

写真 3-18　外国人向け美容室の看板

出身の地域によってヘアースタイルの嗜好はかなり異なる。私もタイやラオスで、現地の人に髪を切ってもらったことがある。現地の人たちとだけ付き合うなら、それでも構わない。だが、日本人と会う場合、現地で好まれるヘアースタイルでは、妙に心が落ち着かなくなる。この時ばかりは、日本人に切ってもらいたいと思った。日本に住む外国人も、同じように考えるのかもしれない。

新大久保には、韓国人向けと中国人向けのインターネットカフェもある。これらの店に日本人が一人で入ることは、まずないだろう。店の看板には一切、日本語が書かれていない。外観だけでは、どういった店なのか、はっきりとは分からない。

また、求人情報も各国の言語で書かれている。

外国人に仕事を提供する派遣会社の求人広告が貼ってあった。よく見ると中国語で書かれている。それを訳すと、フォトショップやイラストレーターなどのＩＴスキルを持った中国語のできる技術者を求めていることが分かった。
さらに街中に掲示されていた別の求人広告をインターネットで調べてみると、その会社のFacebookには、アラビア語で金融系業種の社員募集の旨が書かれていた。(2018.6)

写真3-19　派遣会社の求人広告

こうした求人広告を読み解くことで、現在どういった人材が求められているのかを知ることができる。つぎの広告では、ベトナム人やミャンマー人を募集していると記していることから、これらの人びとの携帯電話に対するニーズが高まっている様子がうかがえる。

写真3-20は、携帯電話の機種の販売価格について記している。気になったのは、その横に貼られてある正社員募集中という言葉である。募集要項には中国、ベトナム、ミャンマー国籍の方、ビザ、パスポートを持っている方、

写真3-20　携帯電話の販売価格表の隣にある外国人向け求人広告

と三カ国語で書かれてあった。携帯電話機器販売店の求めている人材について、この広告を通して知ることができた。(2018.6)

外国人向けサービスという点で興味深いのは、多言語対応の証明写真機だ。

私がイケメン通りを歩いていて珍しいなと思ったものが、多言語対応証明写真機だ。写真には、日本、イギリス、韓国、中国、ポルトガルの国旗が書いてあり、5カ国語に対応していることがわかる。少なくとも自分の地元ではこういった表記のある証明写真機は見たことがない。気になってネットで調べてみたところ、新大久保に限らず多言語機能を備えている証明写真機は増えているようだ。

特に来日したばかりの外国の方は、身分証明書などの書類作成において利用する機会が多いはずだ。外国の方でも簡単に操作できるように配慮された証明写真機は、よい手助けになる。(2018.6)

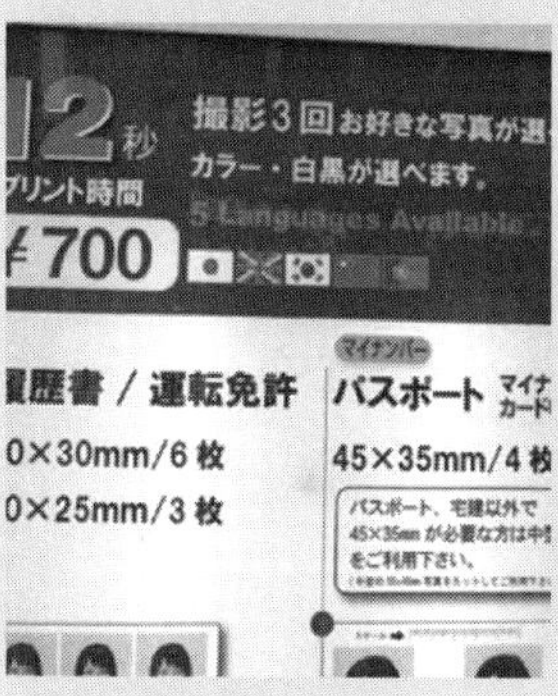

写真3-21　5カ国語対応の証明写真機

数カ国語の案内が併記されているのは、ゴミ集積所や証明写真機だけではない。新大久保の携

帯電話ショップは、英語、中国語、韓国語、ベトナム語の４カ国語に対応している。来日してまず必要になるものの一つが携帯電話である。

下の写真は携帯電話ショップの前にあった看板である。アメリカ、中国、韓国、ベトナムの国旗と言語が書かれており、４カ国語に対応できる店員さんがいることがわかる。私の地元では携帯ショップに外国人の客や店員を見ないので、やはり新大久保は外国人が多く住む街だということを再認識した。(2017.6)

写真 3-22　4カ国語対応の携帯電話ショップ

新大久保の多言語対応は他にもある。自動販売機だ。

下の写真は自動販売機に貼ってあったものだが、購入の仕方が日本語、英語、中国語、韓国語で記入されていた。このような表示は見たことがなかったので新鮮だった。(2018.6)

写真 3-23　多言語対応の自動販売機

街中に自動販売機が多数設置されている国は、日本くらいだと聞いたことがある。日本に住んでいれば無意識のうちに使えてしまう自動販売機も、来日したばかりの外国人には難儀なのかもしれない。

6　さまざまな宗教施設

新大久保にやってくる人びとの宗教的背景は多様である。このため、さまざまな種類の宗教施設がつくられていく。キリスト教の教会はもちろん、モスクやヒンドゥー教の廟もある。中央総武線の大久保駅近くには、台湾を中心に信仰されている媽祖廟もある。２０１７年のエクスカーションの日、鈴木琢磨さんの会社で働いていた台湾出身の茆盛文《ボウ・セイブン》さんという若者に、一部の引率をお願いした。そうしたら、ボウさんがよく訪れるという、日本東京連華學會という施設を案内してくれた。ひっそりとたたずむこの建物は、案内されなければ見過ごしてしまうほど、ありふれた日常の中に溶け込んでいた。

日本東京蓮華學會は、日本で初めて在日外国人のために作られた寺院である。元は道教だが、現在は2代目の神様に交代し仏教寺院となった。信者は1年に2回参拝に訪れる。（引率してくれた）ボウさんの師匠であり、日本に来て10年目となる達成さんに教わりながら参拝体験をした。30センチほどある線香3本に火を付け、真ん中、右、左の順番でお供えをしていく。真ん中は悪しきものの除去、右は良いものの取入、左は世界や周りの幸せを願う希望といった意味がそれぞれ込められている。

参拝体験後、蓮華學會の入口でバングラデシュ出身の親子に遭遇した。3歳の男の子は、達成さんの最年少の生徒として学びに来ている。右手人差し指を上げる子どもの神様のポーズをし、一緒に写真を撮影した。多文化共生について身をもって強く感じることができた。(2017.6)

写真 3-24　日本東京蓮華學會の外観

写真 3-25　日本東京蓮華學會の内部

おわりに

本章では「多文化タウン新大久保」というテーマを念頭に置きながら、学生に注意深く歩いてもらうことによって見えてきた街の様子を、写真を交えて紹介してきた。新大久保を訪れたことのない人にとっても、本章を一読することで、大まかなイメージを持ってもらえたはずだ。もちろん、観察者の関心や注意度、新大久保を歩く頻度などによって見えてくるものは異なる。したがって、私は各自が自分の関心にしたがって街を歩き、それぞれの気づきを持ち寄って、観察者同士で共有することをお勧めする。

［注］

1　２０１５年12月10日付「駅・街頭の放送、20超す言語で」『朝日新聞』東京朝刊

Column 3

多文化共生に向けて、民の声に耳を澄ます

文化人類学者の原知章は、現代の日本における多文化共生政策が、「日本人」や「日本文化」の同質性・固定性・自明性を前提にしていることを批判している（原 2009）。原はこうした前提を揺り動かす実践として、大久保地区で長年活動してきた市民団体「共住懇」を評価している。

日本の多文化共生政策は、日本の国際競争力の強化という前提にたったうえで、「優れた人材」としての外国人を受け入れる方向で打ち出され、「外国人の選別＝排除の強化と不可分の関係にある」（原 2009：138）。こうした政策は、「日本人／外国人」という二項対立を前提としており、あくまで「日本人」や「日本文化」の優位性や規範性を強化するものである。

だが、今必要とされているのは、このような二項対立を前提としない多文化共生である。ここに着目したとき、私はつぎの話を思い出す。第四章に出てくるネパール出身のドウラさんの話だ。新宿区のまちづくり委員を務めるドウラさんは、つぎのように言う。

「日本人はよくルールとマナーを守りましょうというけれど、どれがルールで、どれがマナーか誰か教えてよって。ルールとマナーは同じじゃないでしょ。マナーは自分の心がけだけれど、ルールは守れなければ罰則がある」

ドウラさんは、私たちが何気なく「ルールとマナー」といった形で一緒にしてしまう語り方に違和感をもっている。この話を聞いたときに、私たちはいかに言葉をあいまいに使っているかと気づかされた。何がルールで何がマナーかといった区分けは、ふだん私たちは意識していない。こうして違和

Column 3

感をもつ外国人の指摘がなければ気づかないのだ。

多文化共生を実現するには、こうした非常に些細なことではあるが、私たちが自明だと思っていることに疑問を投げかけ、脱自然化していくことで、私たち自身の意識が変わらなければならないのだ。あるニューカマーの韓国人は、なぜ後から来た人は先に住んでいた人が作ったルールに合わせなくてはならないのかと発言したことがあった。これも私たちがなんとなく感じている暗黙の前提を突き崩す衝撃をもった発言だ。

「郷に入りては郷に従え」と言われるように、外からやってきた人は、もとからいた人たちが共有するルールに従うものだと、私たちは思い込まされている。そうすることが賢い生き方だと信じ込まされている。だから、自分より後から来た人もそうすべきだと当然のように思い込んでいる。だが、いったい誰がそう決めたのか。後から来た人は、なぜ先住者に合わせなくてはならないのか。

ここで言いたいのは、外国人が感じた違和感に日本人が合わせていくという話ではない。これでは先の二項対立が前提とされてしまっている。外国人であろうと、日本人であろうと、自分が自明だと思っていた思考や実践の枠組みに疑問を投げかける事態に直面したときに、私たちは立ち止まって考える態度を身につける必要があるということだ。

外国人であるかどうかにかかわらず日本社会においてマイノリティである人びとは、いやがおうにも強者の理屈のなかで自己を変容させなくては生きていけない。しかし、強者である方はどうだろうか。マイノリティとされた人びとに積極的に耳を傾けない限り、変わるきっかけがもてない。

私たちはつねにこういった声に耳を傾け、自分たち自身を少しずつ変えていかなければ、多文化共

Column 3

生などできるわけがないのだ。自戒を込めて、ここに書き記しておきたい。

第四章 新大久保で生活する外国ルーツの人びととの生活史

第1話 東日本大震災を経験したアジアン居酒屋の店主

今では多文化の街として知られている東京の新大久保。K-POP人気や、インスタ映えを意識した食べ物で若者が集う。ここでは、韓国だけではなくインドネシア、ネパール、ベトナムなどさまざまな国の料理が楽しめる。そんな多様な文化が混ざり合うこの街で、アジアン居酒屋を営んでいる人がいる。

韓国に行くつもりだったのに……

大久保通りでアジアン居酒屋を営んでいるトリパティ・ビシュヌ・プラサドさん（31）は、ネパール出身で観光地としても有名なポカラで生まれた。彼には母国に両親と一人の兄がいる。両親と兄は同じ家に住んでいるが、それぞれ違うビジネスをしている。

トリパティさんは、約8年半、大久保駅近辺に住んでいる。今は最近生まれたお子さんと妻の三人暮らしだ。来日したのは2009年だった。来日当初は宮城県仙台市に住んでいた。しかし、2011年の東日本大震災の影響で、仙台を離れ、新大久保にやってきた。彼は震災の時の様子を語ってくれた。

「地震が来て、1週間ぐらいは小学校の避難所生活でしたね」

震災の1カ月後の2011年4月には、仙台を離れ、東京に移住した。

トリパティさんはもともと日本に来る予定はなかった。2006年に彼の兄が大阪府にビザを申請した。しかし、ビザは下りなかった。

「お兄さんが何でビザが下りなかったのか（知りたいので）、ちょっと私に（ビザ申請を）やってみてと言ってきた」

こうして、トリパティさんがビザの申請を試してみたところ、なぜかすぐに申請が下りた。このため急遽来日することになったのである。

トリパティさんはもともと韓国に行く予定だった。

「韓国語の試験を受かったら、国からの支援ですごく安い金額で行けたので」

しかし、来日することとなり韓国行きは諦めた。日本に来る前にはネパールの日本語学校に通っており、簡単なあいさつ程度の日本語は学んでいた。

「ちゃんと喋れるようになったのは日本に来て働き始めてからですね」

日本には大学時代の友人がたくさんいたのも、日本行きを決めた後押しになった。また日本行きについて家族からの反対などはまったくなかった。ネパールでは就職のために海外に行くことはわりと当たり前になっている。

「ネパールで稼ぐよりも、外国で稼ぐほうが楽ですよ」

そう語るトリパティさんはネパールの大学に在学していたが、来日の関係で中退した。大学の仲間たちはネパールでは就職せずに、海外で勉強しながら働く人が多い。

「もし、海外で就職できなくてもアルバイトなどで稼いだお金を使って、ネパールで起業もできるので」

トリパティさんの周りでは、以前は日本への渡航希望者が多かったが、今ではアメリカとオーストラリアに行く人が多い。

トリパティさんは「先輩、後輩はアメリカなどに行った人はとても多いですね」という。理由は学びやすい言語である英語圏で、日本と違い家族を連れていきやすく、永住権も日本と比べると比較的取りやすいからだ。

来日直後の苦労

トリパティさんは仙台にいたときに、日本語学校に通っていた。その時に一番苦労したのがアルバイト探しだという。

「一番大変だったのは仕事が見つからなくて、面接行った時は、外国人なのは分かっているのに、1時間2時間かけて自転車で面接しに行って結局外国人はダメとか、それが一番大変だった」

トリパティさんは来日してから9カ月はアルバイトが見つからなかった。来日して最初のころは、実家から2カ月は十分生活していけるくらいのお金を渡されていたので困らなかった。だが、そのあとはバイト探しも上手くいかず苦労した。

つぎに苦労したのは食べ物だ。

「私たちは辛い料理食べたりするのですが、日本ではあんま食べられませんでした。あと日本の食べ物にも苦手なものがあって、生の魚とか、一番苦手なのは納豆。食べられませんでした」

最初は日本独特の食べ物には苦労していた。母国ネパールの料理を作ろうとしても、必要な調味料が宮城には売っていない。だが、現在では刺身や寿司などは大好物のようで、奥さんと仕事終わりに食べに行くこともある。母国の料理についても、新大久保に住んでいる今は調味料などで困ることはない。

そんなトリパティさんも、来日直後2、3カ月のあいだホームシックに悩まされていた。

「ネパールに住んでいた時はバイクで10分ぐらいのところに実家があって、家の手伝いなんかもしていたので寂しいとかは全くなかったのですが、日本だと仕事もできなかったのですごく寂しかったですね」

寂しさを紛らわすために、家族には毎日電話をしていた。また仙台駅の前にある公園には、在日外国人が集まっており、そこに行って話すことで寂しさを紛らわしていた。

「駅のほうに夜2時とか3時に行って、公園に集まっていました。お話したりとか、ビール飲んだりとかしていましたね」

トリパティさんは、笑いながら言った。

現在でも家族とは、頻度は減ったが電話をするという。「私1週間に1回は必ず電話するのですが、今忙しくてそんな時間もなくて、日本とネパールではあと時間も合わないですね」。トリパティさんは今の生活パターンでは大体深夜0時ぐらいに時間ができる。だが、この時間だと、ネパールの家族はなかなか電話に出ることができない。

これらの悩みは今回インタビューした他の方も言っており、やはり自分の母国を離れて海外で暮らすというのは、とりわけ来日初期のころ、強いストレスになることが分かる。

仙台の生活と新大久保の生活

トリパティさんに仙台にいた時の生活スケジュールを聞いた。

7時30分　起床／8時～13時　日本語学校／14時～24時　課題やインド映画鑑賞など自由／

24時　就寝

これが、学生時代のトリパティさんの生活パターンだ。この頃、彼は1DKの3人部屋で生活しており、昼食もルームメイトと食べていた。学校が終わると課題をやり、そのあとはひたすらインド映画を観ていた。トリパティさんは、「仕事があんまりなかったので、映画を観ていて、特にみんな大好きだったインドの映画を観ていました」と言った。とはいえ、映画ばかり見ていたわけではない。日本語学校の課題などとは別に、時間があれば漢字の書き取り練習もしていた。

東京移住後は、アルバイトをしながらIT系の専門学校に通い、卒業後の2013年には高田馬場にある不動産屋で働き始めた。しばらくのあいだ生活費を節約し、ひたすら貯金に励んだ。そして、妻の貯金と合わせて、銀行からの融資は一切受けずに、2016年、新大久保にアジアン居酒屋を開業した。ついに雇われの身分を脱し、自分の店を持てたのである。

現在の生活パターンは、仙台にいた頃に比べると相当いそがしい。

9時9分　起床、子どもにミルクをやり保育園へ／10時　二度寝
11時7分　起床し店の買い出しへ（アラームのスヌーズにより7分に起床）
11時30分〜14時　店の開店準備と昼の部の営業
14時　小休憩／16時〜17時　休憩／17時〜25時　夜の部の営業
25時〜26時　ジム／26時　帰宅、就寝

経営者だからというのもあるが、トリパティさんは新大久保にやって来てから、かなり忙しそうにしている。最近子どもが生まれたことが、この忙しさに拍車をかけている。インタビューもその多忙さから、30分ずつを2回に分けて行った。

「ほんとは休みたいですけど、赤い日（土日）は他の従業員二人いるのですけど、二人に遊んでくださいとか言わなきゃいけないので、私が働いています」

店の休みは、1月3日のみだ。なぜ、この日だけ休みなのか。

トリパティさんによれば、年末年始は多くの店が開いていないので田舎から東京に遊びに来るネパール人が多く、正月であっても店を開けておくのだそうだ。

「その日（1月1日）はネパールのお店結構忙しいですよ。なぜかというと、お正月はお店し

まっているじゃないですか、で、新大久保のネパールのお店は開いているから結構来ますよ」

しかし、ふつう多くの人は4日から仕事が始まるために、3日は休肝日となる。だから、1月3日だけ店を閉めている。どうして年間1日だけ休みなのか、一見妙な感じに見えるが、それなりに理に適っている。

ネパールの家族との関係

トリパティさんは現在ネパールの実家に仕送りしている。

「大体毎月5万くらい、お祭りの時は別に、お祭りの時使ってくださいってかんじで送っています」

ネパールでは10月頃、ダサインという大きな祭りがある。その時には海外へ働きに行った人も帰国する。だが、彼はそのお祭りの時には、帰国しなかったそうだ。多忙だったからだ。とはいえ、トリパティさんは去年1月、2012年以来6年半ぶりに帰国した。彼は両親に、「顔見てないから早く帰ってきて。私たちはお金よりもあなたが大事だから」と言われ帰国した。

2012年には結婚のために一時帰国した。その時には1カ月ほど実家に滞在した。奥さんとはお見合い結婚であった。お見合いして翌日には結婚することを決めたという。来日することが、すでに決まっていたからだ。

日本に来日した直後も、両親に帰国を促されていた時期があったという。理由は東日本大震災だ。

「地震の時も戻ってくださいと言われたけど、自分は戻ってもお金ないし、お父さんお母さんにお金借りないとだし、みんな稼ぐために外国行ったと思ったので行きませんでした」

現在は子どもが生まれたことで、両親から帰国してほしいと言われている。しかし、トリパティさんは今年中の帰国は考えていない。

「私が忙しくって、なかなか帰れないかもしれないです。来年の10月帰りたいですけど。今実家の近くに国際空港が出来るので、そしたら帰ろうかなと思っています」

これからの日本での生活

トリパティさんにこのまま日本で暮らしていくつもりか聞いた。彼は、「そうですね。それがいいのですが、子どものことがあるので、それを考えながら、子どもを守りながらやっていくつもりです」という。

トリパティさんは子どもに、「4カ国語ぐらい喋れて欲しいですね。日本語、ネパール語、ヒンドゥー語、あと英語。絶対それぐらいは喋れるようになってほしいですね」と言っており、日本での生活も子ども中心に考えている。

トリパティさんは日本ではネパールの友人よりも、日本人の友だちが多い。

「ほんとにいい友だちは日本人が多いですね。前の仕事辞めて5〜6年経っていても前の職場の人と遊んだりとか、困った時助けてくれたりもします」

また、「今でも私お店に来てくれた人に話しかけます。喋るのが好きだから」と笑いながらいう。今一番友人に頼っているのは、子育てに関連することだ。

トリパティさんの話好きという性格もあるだろうが、彼の生活を見ていると来日した外国人と日本人のつながりが見えてきた。彼のような人が多文化共生の架け橋になるだろう。

（2019年8月　村田 和隆・オウ スウコン・谷本 理香・斎藤 桃花）

第2話　新大久保でひときわ目立つジャワ料理店の店主

たくさんの若者で賑わう新大久保。コリアタウンとして知られているが、近年ではさまざまな言語が飛び交う街へと変化している。そんな多国籍な街、新大久保でジャワ料理店を営む女性に出会った。

笑顔が素敵なレトナさん

渡邉レトナさん（43）は、ハキハキしていて明るい雰囲気のムスリム女性だ。レトナさんはインドネシアのジャワ島中部にある、スラカルタ地方のクラテンという町で生まれた。30分バイクを走らせたら違う言語を話しているような町だという。レトナさんは日本人の旦那さんと二人の娘さんと9年前から日本で暮らしている。

旦那さんがクラテンに留学していた際に出会い、結婚した。彼は私たちのインタビューにレトナさんの通訳として同席しており、私たちの緊張をほぐしてくれるようなとても気さくな方だった。

お店を始めるまで

レトナさんは非常に多くの経験をしてきた。学生時代には一クラスに女子が一人という状況で空軍士官学校に通い、その後はジャカルタのナイキの工場で働いた。ナイキの工場であっという間にたくましいリーダーになってしまったと、旦那さんが笑いながら付け加えたのが印象的だった。

飛行機やオートバイの修理もやったことがあると照れくさそうに語るレトナさん。このような才覚を披露する彼女だが、今の仕事になっている料理は、子どもの頃からずっと作り続けてきた。インドネシアにいたころは、結婚式のような1000人くらい集まるイスラム教のパーティーへの料理の提供をほとんど毎日やっていた。そのためにぎやかな場所で楽しく会話しながら、寝ずに一晩中料理をしていたのだ。

そういった、人びとが集まり、繋がることが好きで、なおかつ料理が好きだったので必然的にレストランができてしまったのだと、にこにこしながら話してくれた。

日本に来たばかりの時は、目黒で専業主婦をしていた。目黒の近くにはインドネシア大使館があり、インドネシア人が多くいた。彼らと友だちになり、何かできないかとプエックと呼ばれる、小麦粉とピーナッツ、水から作ったインドネシアの煎餅を売り出したことがきっかけだった。たちまち人気になり、他のメニューもできると知られてから評判が広まった。

「今度、500人、またね」
レトナさんは笑いながら言った。コンロ一つで調理することから始まり、製造が追い付かなくなってしまったことがお店の始まりだった。

常温で提供する理由

インドネシアで暮らしていた時の衣食住について尋ねた。家はレトナさんの父や近所の人たちと集まってレンガを窯で焼いて作った。服装はジルバブ（白くて頭に被る服）を被るが、公的な集会以外は被らなくてもよい。彼女はこういったインドネシアでの生活を教えてくれた。中でも一番驚いたことは、食に関する違いだ。

まず、一言にインドネシア料理といってもさまざまであるということだ。スパイスの利いた激辛料理が多い西スマトラ州の料理として知られるパダン料理や、ココナッツミルクなどでまろやかな品が多いジャワ料理、野菜が多くヘルシーなスンダ料理など種類が多い。レトナさんはその中でもジャワ料理店を経営している。

そして文化の違いとして驚いたのは、インドネシアでは食べる時にお皿を持ってはならず、手で食べなくてはいけないということだ（ただし、今ではスプーンとフォークを用意しているレストランもある）。そのため常温にして手で触れることができるように調理をするそうだ。レトナさんは、自分の店でもインドネシアで料理を出すときと同じように、手で持てる程度の温度で料理を提供している。仮に出来立ての熱い料理を出すと「早く帰れ」という意味になるらしい。

しかし、日本では、熱々の料理を提供することがおもてなしとなる。常温で出す意味を知らないお客様から、ときどきクレームが来るのだと彼女は苦笑いしていた。

こだわり

新大久保で店を開いたのは、たまたまだった。レトナさんは、にぎやかなことが好きな人だ。もともとインドネシアでパーティー料理を大量に作っていたこともあり、日本でもパーティー用の食事を作る機会が増えた。その際に台所が必要ということで場所を探したところ、現在経営している店が空いていた。

レトナさんの経営するインドネシアのジャワ料理の店、モンゴモロでは、日本の飲食店には珍しくアルコールを出さない。この店を出すとき、アルコールを出した方が経営的に楽だから販売した方が良いと、旦那さんは何度かレトナさんに相談した。「友だちにも、ビールを出さないのは（経営的に）無理だよって、言われた」と、苦笑して語ってくれた。

しかし、それでもレトナさんは、酒類を今まで販売することなく経営してきた。たとえそれがノンアルコールビールで、イスラム教の教えにおいて飲むことが許されているハラルであっても、出さないとレトナさんは言う。

宗教上の理由で酒を出さないことはもちろんではあるが、タバコを吸う人がいなければタバコのにおいで気分を悪くすることがないのと同じように、アルコールも同じなのだと教えてくれた。レトナさんのお店に対するこだわりが強く伝わってきた。

恥ずかしくない

インドネシアのムスリムの多くは、4つほどの言語を話すという。4つの言語とは、まず公用語であるインドネシア語、つぎに住む地域によって異なる言葉である。例えば、ジャワ島の中央部で話されるジャワ語や、ジャワ島の西部で話されるスンダ語といった、いわゆる地方語と呼ばれる言語が相当する。そして、モスクで扱うアラビア語、最後に幼いころから習うという英語である。子どものころから、これらの言葉を覚えるのだ。だからこそ、ほかの言語を習得するスピードは早く、レトナさん自身も日本語を話せるようになるのが早かった。

日本に来る前に、インドネシアで日本語を勉強したかという質問をすると、レトナさんは旦那さんと二人で勉強したのだと笑顔で答えた。もちろん今でも日本語を話すことや、聞き取ったりすることは難しく、特に漢字を読むことが苦手だ。しかし彼女は、日本語が上手ではないことを恐れず、堂々と使ったことで、たくさんの日本人の友だちができたのだと嬉しそうに語った。

「私もう、日本語、汚いとか全然恥ずかしくない」

レトナさんにとって、日本語は言葉の壁というよりむしろ、友だちを作るための欠かせないツールだ。

初めての誕生日会

私たちがレトナさんに生年月日を尋ねた際、ジャワ島では昔から誕生日を祝う習慣があまりなく、書類上、生まれた日を知っているという程度だと教えてくれた。最近はジャワ島でも変わってきているようだが、誕生日を祝う習慣はもともと西洋由来であるためだ。レトナさん自身も旦那さんと結婚して初めて誕生日会をしたという。私たちが普段当たり前に行っていることが、別の国に行けばそうであるとは限らないのだと気づかされた。

イスラム教は温かい

「インドネシアで何か特別な行事はありますか」と質問したところ、犠牲祭（イドゥル・アドハ）だと答えた。犠牲祭とは、イスラム教で定められた祝日であり、金持ちが貧しい人びとのために羊や牛を購入し、皆で分け合いながら食べる行事のことだ。

この犠牲祭に対して旦那さんが、「イスラム教ってどうしても報道の印象が強いですけど、市民レベルのイスラム教はすごい温かいですよ、ホントに」と和やかな表情で語った。確かに実際のイスラム教を信仰する方たち（ムスリム）と、私たちのイメージのイスラム教とのあいだには大きな違いがあるように感じた。

ゴムの時間

一日のスケジュールを尋ねると「ゴムの時間」と答えてくれた。日本ではお店中心の生活で、配達もしているので寝る時間も起きる時間も違う。「時間、伸びたり縮んだりしている」と、レトナさんはいう。例えば、早朝3時に寝る日もあれば、二日寝なかったりする日もある。インドネシアで生活していた時も、朝の4時に起きるような一日のスタートが早い日がもちろんあった。東南アジアの人たちは昼からダラダラしていると偏見を持たれがちだが、あれはひと仕事終わっているのだとレトナさんは主張した。4時に仕事が始まり6時には帰ってきて朝食をとり、お祈りをして暑い時間は働かずに、夕方から再び働き始める。

このように1日24時間という時間の概念がなく、働きたいときに働き、休みたいときに休むといった意味で「ゴムの時間」ということだ。

家族とともに

インドネシアのことを楽しそうに語るレトナさんと旦那さん。「日本に来てからの悩みはありますか」と質問を投げかけた。レトナさんは、漢字がたくさんあり読めないのだと苦笑した。そして、つぎにはこのように付け加えた。「もし私、病気？　向こうの家族に会いたいね」と。日本でずっと生活しているわけではなく、インドネシアへは毎年帰る。その理由は家族がいるからだ。インドネシアにはレトナさんの家族がいる。そこでの生活は日本に来た今でも、大切にしている。だから自分は家族が病気になったときは飛んで帰るのだという。

今は日本にいるだけで、インドネシアで生活することも、もちろん良いのだと神妙な表情で語った。生活する場所に特にこだわることはせず、あくまで家族とともに生活することを、大切にしている。

レトナさんのインタビュー中、〝家族〟という言葉が何度も出てくることがとても印象的だった。では逆に一番楽しいことは何ですか、という質問に対して、「一番楽しい……一番楽しいは、家族と一緒！」と一番の笑顔で答えた。人とコミュニケーションをとることを何より大切にするレトナさん。そんな彼女がみている世界にはつねに家族がいるのだ。

（２０１９年８月　稲葉大地・篠原直輝・澤田藤華・木内桜・森田碧海）

第3話　たくさんの夢を叶えた場所、日本――これからも続く挑戦

駅を降りた瞬間たくさんの言語が飛び交う新大久保で飲食店の経営をしながら、ネパール新聞の編集者、学校経営、通訳・翻訳など幅広く活躍しているネパール人の男性がいる。

世界は一つの大きな村

ティラク・マッラさんは、ネパールの首都カトマンズから西に200キロメートルにあるミャンディ（Myangdi）という地に生まれた。ネパールにはブッダが生まれたとされるルンビニーや、世界最高峰のエベレストがあり、観光客も多く訪れる国だ。マッラさんは5人兄弟の末っ子だった。ネパールにいるときに結婚をして、今は娘二人と息子一人がいる。

日本に行くと家族に言った時、反対されなかったのだろうか。

「あまり長くはいないでほしいとは言われました。でも、私は世界は一つの大きな村みたいなものだから狭い考えはいけないよと言いました」

彼は笑いながらこう答えた。マッラさんは、日本に来る前、ネパールの大学で教育学を学んだ。卒業後、ジャーナリストをしながら高校教師として、10年ほど教壇に立った。その後、日本に住

んでいたマッラさんの友人の紹介で、日本に初めて来日した。日本に来た理由を尋ねると、こう話してくれた。

「第二次世界大戦で1度はぐちゃぐちゃになったのに短い時間で発展し、一生懸命頑張ったことを世界に見せたからね。それを小さいころ学校の教科書で見たんだ」

当時のネパールも出稼ぎが盛んではあったものの、移住先のほとんどはインドか中東の産油国であった（南埜・澤 2017）。そんな中で日本への移住を希望したマッラさんは、相当珍しがられたはずだ。

最初、目黒区の西小山で部屋を借りてしばらくのあいだ生活した。西小山は家賃も安く、買い物がしやすい場所であった。みんなが知り合いでその当時はネパールの村のようだったとマッラさんは言う。もともとスパイスや肉、魚などのハラルフードの店は西小山にしかなかった。だから、食生活の面でも西小山は住みやすい場所だった。

それから、蒲田、浅草と転々と引っ越しをして、２００７年に新大久保に移り住み、今年で11年が経つ。

ネパール人たちの相談役

母国を離れて異国の地で暮らすことには、当然さまざまな困難がともなう。

「最初はあんまり日本語わからなくて、銀行とかね、病院とか、区役所とか、言葉がわかんなくて困ったんです。しかも、区役所から来る手紙は全部漢字で書いてあるから」

日本に来る前に特別に日本語の勉強をしていたわけでもなく、日本に来た当初はたくさん苦労した。昔はネパールに日本語を学べる場所もなく、日本に来ても今のようにあちこちに日本語学校があったわけではない。そのため、マッラさんは特に日本語学校に通ったりはせず、日本に来る前に日常会話程度の日本語を勉強し、日本に来てから友人の助けをえながら独学で学んだ。

今となっては日本語をすらすら話せるようになり、まだ日本語をうまく話せないネパール人の手助けをしている。

「具合悪くて今病院に行きたいんだけど、何もわからないからどうしようとかね。区役所に今住民票を取りに来てるんだけど、ちょっと説明できないんだけど説明してほしいとかね。そういうのをよく相談してくるんですよ」

新大久保を選んだ理由

なぜ飲食店を新大久保でやろうと思ったのか聞くと、こう答えてくれた

「最初は他のところでもやってたんだけど、浅草から引っ越そうと思ったときにこれからネパール人たちが増えるのはどこだろうと考えたんですね。やっぱり山手線もあるし外国人の街みた

いだから新大久保かなって思って。この大久保通りはたくさんの飲食店もあるし、人がいっぱい集まりやすいしね。あと、ネパール人はパーティーが好きなんです。でも新大久保は大きいパーティーができるような店がなくて新大久保に必要だと思って」

これからネパール人が増えていくだろう新大久保で、マッラさんはみんなで集まれる場所を作った。だが、現在の新大久保には外国人が増えたことによって問題も生まれたと話す。

「外国人に対して日本政府がね、働く人がほしいって言っているけど、ちゃんと選んでほしいね。日本語できる人とかね。こっちに来てお酒飲んで騒いだり、喧嘩している人もいるんですよ。人の国にいるのになんでそんなことが出来るでしょうかね。あんまりよくないと思います」

日本人から騒いでいる外国人にきちんと注意してほしいと、マッラさんは真剣な表情で訴えた。新大久保は多文化共生の街と言われているが、実際にはこういった問題もある。

日本に住むネパール人のために

日本に来る前に不安だったことは何かあるかと聞いた。

「そうですね、みんなあるでしょ。これからどうすればいいのか。ビジネスやればいいか。他の外国に行った方がいいか。でも昔一緒に勉強していた後輩とかも頑張ってるからと思って。やっぱり新聞に興味があって。うまくいくか心配だったけど」

たくさんの仕事に携わっているマッラさんだが、その中でも一番力を入れているのがネパール新聞『ネパリ・サマチャー』の編集だ。

1999年にA4判1ページからスタートした同紙は、2015年にはスタッフ6人を抱え、A3判になり、枚数も全8ページにまで拡大した。今では毎日更新する無料のウェブ版もある。

この新聞に載せているのは、おもに三つの内容だ。一つ目は、日本で暮らすために必要な情報である。国が違えば文化やルールも当然違う。守らなければいけないことや近所の人に迷惑をかけないようにするための情報、さらに、区役所での手続きの仕方なども載せている。実際、テレビや新聞を見てもすべて日本語であり、日本に来たばかりの外国人はわからないことが多い。例えば、ゴミ捨てをきちんとやりたいと思っていたとしても、説明が日本語だとしたら、外国人はわからないだろう。また、日本から学ぶことはとても多いため、日本人から学んだことや日本のよい習慣について伝えている。

二つ目は、日本にいるネパール人たちのコミュニティについてだ。日本にいるネパール人がどこで何をしているか、何人ぐらいいるのかなどだ。どこで集まりやフェスティバルをやっているかを載せている。異国にきて知り合いもいなかったら当然心細くなってしまうが、ネパール人の集まりに参加すれば、日本において母国の人同士のコミュニティを広げることができる。

三つ目は、ネパールのことも忘れないようにするための自国の政治や経済に関する情報である。今はインターネットが普及しているためネパールの情報を手に入れやすいが、創刊当初の事情は違った。情報環境が改善された今日でも、新聞にネパールの情報を載せ続けている。

自らが経験した日本に来た当初の苦労がきっかけとなりネパール人向けの新聞を作ったマッラさんは、今同じ苦労をしているネパール人たちを助けている。同紙はオンライン版もあるため、紙媒体を手に入れられない人でも、情報を得られるようにしている。

ネパール人のための学校開校

ネパール語の新聞以外にも、来日してから力を入れていた事業がある。それは、東京の阿佐ヶ谷に設立したエベレスト・インターナショナルスクールの運営だ。現在は幼稚園児から小学6年生まで、200人程度が通っている。文化交流のために、日本人も20人ほど通っている。子どもたちがネパールに戻ってからも継続して学べるように、ネパール式のカリキュラムにしたがって学校が運営されている。

ネパール語と日本語の授業以外は、すべて英語が使われている。日本語を全く話すことが出来ないまま日本にやってきたネパールの子どもたちも多く、そのような子たちがすぐ日本社会に馴染めるようにというマッラさんの想いで作られた。

「ある時、ネパール人の若い子をこの事務所で雇ったわけ。そうしたらぜんぜんネパール語が話せない。両親はネパール人だけど、日本で生まれ育ったっていうの。これはショックだった」

このショックを受けて、仲間3〜4人と事務所で話していて、「学校を作ろう」という流れになった。その後、パワーポイントで資料をつくり、いろいろな場所でプレゼンして、学校開校に向けた準備を始めた。

当時はネパール政府や日本政府の公認は得られなかったため銀行からの融資も得られず、在日ネパール人から寄付を募り、約60人から5000万円を集めた。一人で何百万も出す人もいれば、20〜30万円の人もいた。まだ足りないとなれば、もっと出そうという人もいて、必要な資金をかき集めた。

5000万円などそう簡単に集められるものではない。在日ネパール人たちの同胞に対する教育への熱い想いを感じた。それにしても、マッラさんの人徳がなければ、この金額は集まらなかったのではないか。

最初は阿佐ヶ谷の物件を借りて、2013年に13人の生徒を集めてスタートした。その後、2018年8月に荻窪周辺の物件を購入した。地上3階地下1階の比較的大きな建物である。

当初は教員を集めようにもネパールから直接呼ぶほどの資金はなかった。そこで、在日ネパール人の中から元教師を募り、教壇に立ってもらっていた。その後、軌道に乗ってからはネパールから先生を呼べるようになった。

エベレスト・インターナショナルは、日本に唯一のネパール人学校として話題になり、インターネット上でもいくつかの取材記事が読める。マッラさんを中心とした主導者たちの母語教育への強い思いの詰まった学校は、在日ネパール人社会のネットワークの要となるに違いない。

若い世代に伝えたいこと

若い世代に伝えたいことはあるかと質問すると、彼は微笑みながらこう話してくれた。

「そうですね、今から考えてみると、私も30年40年後に生まれたらよかったと思いますけどね、今の若い子たちは素晴らしい時代に生まれたと思います。頑張れば頑張るほど選択肢がありますね。今の時代はどこに行ってもいいからね。あと、もう一つ素晴らしい国、日本にいるからね。つまりは誇りを持ってね。結構チャンスありますからね。たくさん勉強して頑張ってください」

マッラさんは、たまたま日本に住んでいるネパール人がいたのがきっかけで日本に来ることができた。だが、その当時は外国に働きに行く人も少なく、基本的には自分の国で精いっぱい勉強して将来の夢を摑むしかなかった。しかし、現在は留学も当たり前になってきており、チャンスは国内だけではなく世界中にある。だから、自分の国だけではなく、世界を見てほしいとマッラさんは話す。

これからも続く挑戦

最後に、これからの目標はあるかと尋ねると、こう話してくれた。

「まだいっぱいやりたいことあるんだけど、この歳だし家族のことも考えないといけないし。本当は日本にこんなにいると思わなかったんですよ。日本に来たときは長くても10年ぐらいだと思ってたんですけどね。やりたいことどんどん増えちゃって満足は満足ですけど。でも何か一つまたやるとしたら、いろんなことを文で書きたい。自分で経験したこととか、嬉しかったこととかを書きたい。書きたいことがたくさんたまっています。それを本に残せたらいいなって」

ネパール新聞の編集者、飲食店の経営者、学校の運営などいろいろな仕事をしてきたマッラさんだが、今でもやりたいことは尽きない。異国の地でたくさんのことを叶えてきたマッラさんは、これからもきっと新しいことに挑戦し続けるだろう。

（2018年8月　朝鍋十萌・上之園勝太・加川友稀・上島茉穂・森下琴美）

第4話　新大久保をさらに発展させるために

外国人が多く住む街、東京の新大久保。コリアンタウンと呼ばれ、近年では第三次韓流ブームで活性化している新大久保をさらに発展させるためにさまざまな事業を行っている男性がいる。

韓国料理店と事務局長の両立

現在新大久保で、ホンチョンチュンという韓国料理店を経営するかたわら、新宿韓国商人連合会の事務局長として活動している男性がいる。鄭宰旭《ジョン・ジェウク》さん（54）だ。穏やかで優しそうな雰囲気の男性だ。鄭さんは韓国の南東部に位置する釜山《プサン》という港町で生まれた。鄭さんは結婚して息子が二人いる。

現在、長男（27）は日本の大手IT企業に勤めていて、次男（24）は大学に通っている。二人とも日本で育ったが、鄭さんの母国である韓国に5年間逆留学して、日本に戻ったあと自ら希望して軍隊に入った。その後に大学に入学したため、次男は現在大学4年生だ。

初めての日本と7年後の日本

日本に初めて来たのは33年前の1985年だった。留学生として日本で5年間過ごした。留学の目的は、大学で日本語を学んでいたため日本語をさらに深めることだった。日本にはすでに先輩が二人住んでいて、行きやすいという理由もあった。鄭さんは日本に来る前の日本の印象をこう話す。

「来る前は私も教科書とかからしか知らなかったので植民地とかの怖い感じはあったね」

しかし実際に日本に来て生活してみると印象が違い、日本人は親切で礼儀正しいと感じたと笑顔で話してくれた。日本に留学しているあいだはアルバイトをしながら日本語学校に通う日々を送っていた。

その後、鄭さんは一度韓国で結婚や事業をするため帰国したが、経営していた会社が潰れてしまった。そして7年後の1997年、いちから事業を始めるために家族と離れて一人で日本に住み始めた。その1年後の1998年、鄭さんの家族も来日した。

日本に戻ってきてから鄭さんは、お金を貯めるために寿司屋や焼肉屋でアルバイトをしていた。来日してから1カ月後にアルバイト募集の貼り紙がたくさん貼ってあった寿司屋で働き始めた。仕事内容は単純作業で簡単だったため仕事はできていた。アルバイトをする時に困ったことについて聞くと、少し寂しそうにこう話した。

「やっぱり言葉が。お客さんとのコミュニケーションもあるんだけど、一緒に働く人たちともコミュニケーションができないのがちょっと残念だったな」

日本に来たばかりで知り合いが少ない鄭さんにとってアルバイトは、お金を稼ぐためだけではなく、自分の知り合いを増やすチャンスでもあった。続けて鄭さんは日本に来てからの知り合い作りについてこう話している。

「学校行ってた時は同級生、日本人もいたり。お店やってからは結構日本人のお客さんも知り合いになってるし、まあ韓国の人もいるけどね」

その後、暮らしていくうちに日本語も上達したため、日本人ともコミュニケーションが取れるようになり知り合いも増えたと嬉しそうに話してくれた。

住みやすい場所を求めて

鄭さんは留学していた当時、高田馬場に住んでいた。家族とともに日本に戻ってからは千葉の大学に通っていたため、大学から近い千葉の都賀に住み、その後飲食店を始めるために赤坂に住んだ。新大久保に引っ越したのは4年前、今年の7月に開店した韓国料理店を新大久保で営んでいる。鄭さんは赤坂を選んだ理由についてこう話している。

「当時赤坂は韓国のお店がいっぱいあったし繁華街だったので、新大久保のつぎに韓国人が多いのが赤坂。他に上野もあるんだけど。そういうみんながいる所ではやっぱりやりやすい」

新大久保と赤坂の違いについて質問すると、こうと答えた。

「結構あるね。ここは新宿も近いし。赤坂はまず静かなところだし、でも家族が住むにはちょっと不便だったので。買い物しようと思ったらミッドタウンに行くもんね」

新大久保はコリアンタウンとしても有名であり韓国人も多く住んでいて、韓国料理はもちろん、生活必需品も手に入りやすい。新大久保で自分の店を営んでいることもあるが、家族とともに暮らしていくには、新大久保が最適だったと思われる。

日本に住み始めて苦労したこと

鄭さんは日本で生活を始めてから多くの問題を抱えていた。特に言葉の問題が一番困った。医療機関についてはこう話す。

「保険を払うのもどこに払うのかも分かんなくて通知書も日本語で書いてるので。それも払わなかったら、病気になって病院に行った時保険証がないとか。そういう情報を知らないから」

また、鄭さんは引っ越しを何回かしているが、住む所を探すのにも苦労した。

「こっちに来てから結構経っている人は大丈夫だけど、はじめは部屋を借りるのが一番難しいね。保証人がどうこうとかなるからね」

鄭さんは、部屋を借りることは日本にいる外国人の共通の悩みだと考えている。現在新大久保では、外国人が困らないように、ベトナムやネパールなどの多言語の無料生活情報誌が置いてある。新大久保に住む外国人はそれを見て自分たちで問題を解決している。

韓国文化で新大久保に活気を

鄭さんは、新大久保の街に韓国の文化を取り入れ活性化させる新大久保コリアンタウン活性化事業の一環として、２０１４年に新宿韓国商人連合会を立ち上げ活動している。新大久保の訪問客の数は、２０１０年の韓流ブームで盛り上がったあと、ヘイトスピーチが始まった２０１２年頃から急激に下がり、２０１４年には新大久保における韓国の店舗が減少している。そのようななか、２０１４年11月6日に商人連合会を発足させた。その後、新大久保の訪問者の数は右肩上がりで上昇している。

商人連合会の事業のなかで最も目立つ取り組みだと鄭さんが主張するのは、シャトルバスの運営である。新宿区に住む外国人を主なターゲットとして、新大久保駅前や新宿区役所前、新宿駅前、東京都庁前、新宿御苑、韓国文化院など、さまざまな場所に停まるシャトルバスを無料で走らせている。このシャトルバスの運営費用は、企業からの協賛でまかなっている。

シャトルバスの他にも、新大久保映画祭やキムチ祭り、チャリティー行事など、新大久保の地域活性化を促進させるさまざまな取り組みが行われている。商人連合会は今後、チーズタッカルビのような新大久保の特定メニューのブランド化、ワーキングホリデー制度を利用して滞在する人のための宿泊施設や就職、日本語学校の斡旋、日本での生活に関する情報提供、韓流TVの設立など、多様な計画を実現させせようとしている。

「この連合会での取り組みを通して、新大久保の街をより活性化させたい」

このように話す鄭さんはとても嬉しそうで、連合会に対する鄭さんの熱い思いがひしひしと伝わってきた。

特殊な街、新大久保

「新大久保はもう実際に商売やってる人が中心。だから住宅街といったような、住んでる人が多いほかの地域と比べたら、この新大久保に限っては、例えばゴミの問題とか、外国人が借りる部屋の環境とか、商売やる者同士のトラブルで事故が起こらないようにだとか、そういうのが課題です」

新大久保は他の地域と違ってたくさんの国の人々が行き交い、その人たちの商売を中心とした街であるため、他の地域とは抱える問題の種類が違う。特にゴミの問題は深刻だ。やはり国によってゴミの処理の仕方も違えば認識の差も大きい。それが原因で大きなトラブルに発展したりしてしまう。

「やっぱり多国籍がゆえに、そこにいるみんなで協力していかないと。新大久保は来るお客さんもだんだん多文化になってるし、商売やってる人も多文化なので、工夫しないと難しいよね」

もともと持っていた習慣や考え方、さらには宗教や生活様式までバラバラなさまざまな国の人たちが数多く集まる街だからこそ、みんなが一つになって協力して助け合わねばならないと鄭さんは語る。

また、言語の問題について、鄭さんはこう話す。

「新大久保（の街のスピーカー）から案内放送とか流れるんだけど、その言葉も、ネパール語とか入れてちょっと分かりやすくしようとかやってる。我々は日本語を勉強したときに漢字は少し知ってたから言葉の問題はそこまではなかったんだけど、今の人たちはもう全然漢字を知らないから。この街の案内所とかも言葉が英語だけでも足りない部分があるので、その人たちの国の言葉で表記した案内板とか出してほしいって国や新宿区に言って申請はしてる」

実際に、このように自分たちから動き始めているところもあるのだ。

日本に来て感じた、意識の差

「私が日本に来てから、日本語学校行ったり日本の友だちと会っていちばん衝撃受けたのは、我々韓国人と比べて、日本人はこっちに対する関心があんまりないんだなっていうことです。我々は来日する前から日本のことをよく知ってたんですよ。みんな日本に対して興味関心あったので。しかし私が日本に来て、同じ歳の日本の友だちに、韓国って言うと、え、どことか、韓国では何食べるのとか。中国の一部だと思ってる人もいたし、まぁ今はそこまではないと思うけど、昔はほんとに〝情報〟っていうのが、我々より少なかったんだなって」

鄭さんは韓国人の日本に対する関心と、日本人の韓国に対する関心の差が大きいことに衝撃を受けたと話す。関心があるかないかというより、そもそも日本人の中での韓国に対する情報の少なさが、鄭さんにとって一番の驚きだったという。

しかし最近のK-POPや食べ物などの人気で韓国に興味を持つ日本の若者が増えていることは非常に良いことで、鄭さんも嬉しいと話す。

これからの新大久保への思い

一時期、コリアンタウンと呼ばれていた新大久保も、今となっては東南アジアや南アジアなど多様な国の人びとも増え、数年前と比べるとますます多文化な街になってきている。多文化になっていくことで増える問題も多く、鄭さんのようにその問題に立ち向かいより良くしていこうと取り組む人も増えている。

「この店を、どんどん日本全国に展開していくっていうのが目標ですかね。ここは1号店なので」

鄭さんは今現在経営している店を日本全国に展開し、韓国の文化をより多くの人に知ってもらい、好きになってもらうことがこれからの目標だと話す。

韓国の文化を自らの手で広げ、活性化しようと努力する鄭さん。その目は輝きに満ち溢れていた。実際に日本一多文化なこの街で、元々生活様式や考え方の違う多国籍の人びとがうまく共存していくには具体的な対策や努力が必要であり、多文化共生のためには、鄭さんの言葉通り、そこに住むすべての人が理解し合い協力し合う気持ちが大切である。

（2018年8月　朝鍋十萌・上之園勝太・加川友稀・上島茉穂・森下琴美）

第5話　挫折を経て、新たな夢へ――憧れの日本で、故郷の味を

韓国料理店などで賑やかな大久保通りにある路地に入ると、一変して静かで、こぢんまりとした雰囲気のエスニック料理店が立ち並ぶ。そこで私たちを明るく笑顔で出迎えてくれた一人の男性は、大きな夢の一歩として、ここ新大久保で飲食店を営んでいた。

支え、支えられ

JR大久保駅北口から徒歩1分ほどの角を曲がったところにある飲食店、「BAMI OISHI《バミ・オイシイ》」で店を経営しているファン・フィ・チュオンさん（30）は、1987年ベトナム北部のハザン省にて5人家族の長男として生まれた。

「とても暑いところです。夏が長い。日本よりも長いですね」

チュオンさんがそう語った生まれ故郷、ハザン省は首都ハノイから300キロメートルほど離れた所に位置し、中国雲南省と国境を接している。人口こそ少ないが雄大な山々があり、森林や鉱物などの天然資源に恵まれている省として有名である。

チュオンさんの父（64）と母（62）は、かつて養殖業と稲作を営んでいたが、現在は仕事を

辞め、ハザン省で暮らしている。姉（32）もベトナムで専門学校の先生として働いており、妹（23）はチュオンさんと同じく日本で暮らしている。彼女は来日後日本語学校に通い、現在は私たちと同じ大学2年生として、都内の私立大学の日本語学科で学んでいるそうだ。ふたりの姉妹とファンさんの3人は、現在それぞれ異なる地域で日々、過ごしている。

「お父さんもお母さんもほかの国で暮らすことに反対して、その、すごく心配症で。お姉さんは、まだ若いんだから好きなことをやりなよと」

日本に行くと決意したチュオンさんを応援してくれたのは姉であり、国外で暮らすことに猛反対していた両親を一緒に説得してくれた。そして、姉や納得してくれた両親の支えがあって、2013年、来日するに至った。

「家族からはお金の支援とかはありました？」

「ありますよ」

当初、チュオンさんの両親はチュオンさんが日本へ行くことに反対した。どのように両親を説得したのか、その内容は言葉が通じなかった部分もあり、聞くことができなかった。だが、それでもこうして日本に来られたのは、両親からの資金援助があったからだ。

両親の許可を得たチュオンさんは仕事をしながら、留学のための資金を貯めた。決意してから日本へ来るまでの期間は3カ月だった。短期間であることに、いささか驚く。チュオンさんのフットワークはとても軽い。

そんなチュオンさんの姿を見て、妹も兄の背中を追い、ベトナムの子どもたちに日本語を教える先生になるという夢をかなえるために日本にやってきた。それぞれの人生の決断において、3人の兄妹はよい相互作用を生み出していることがうかがえた。

母国で育まれた建築への思い

チュオンさんは子どもの頃、サッカーなどのスポーツをするのが好きな活発な少年だった。

「日本のマンガ……えっと、ドラゴンボール。あとドラえもんとか好きでした」

チュオンさんは少年時代に日本のアニメやマンガに触れており、子どもの頃から好きでよく見たり読んだりしていた。日本に来たいと思った直接の理由にはならなくとも、このころから日本に興味を持っていたのだろう。ベトナムでの思い出の場所はありますかと尋ねると、こう答えた。

「ハロン湾。海がきれいなところ。海から、ちっちゃい山がたくさん見えるところ」

チュオンさんが嬉しそうに話してくれた思い出の場所、ハロン湾は、ベトナム語で「龍が降り立つ」という勇ましい名称を持つ広大な観光地だ。小さい頃、時々そういった観光名所に連れていってもらう機会があったチュオンさんは、観光地の建物を見る中で建築に興味をもち、好きになっていった。

そして、ベトナムの大学で建築の勉強をし、卒業後数年間は母国ベトナムにて建築関係の仕事をしていた。その仕事の先輩たちが、日本の建築技術のレベルが高いとよく話題にしていた。

私たちはこの話を聞いて、寺や神社のような日本の伝統的な建築技術を指しているのかと思っていたが、そうではなかった。チュオンさんが関心をもったのは、日本の近代的なビル建築であった。

同僚の話を聞くうちにチュオンさんも日本のビル建築の技術に惹かれ、ベトナムでの仕事の経験を活かし日本で働きたいという夢を抱いた。最初日本で暮らしたいと決意したのは、現在営んでいる飲食店とはかけ離れている、建築へのあこがれであった。

諦めた過去の夢と、故郷の味

両親を説得し、姉からの応援も受け、チュオンさんはいよいよ建築会社で働くために憧れの日本にやってきた。日本で最初に生活したのは、高田馬場だった。日本語学校のベトナム人の先輩に世話をしてもらい、物件を探した。そこから日本語学校へ2年間通い、アルバイトとして建築の仕事をした。

しかし、日本での仕事は野外中心で、深夜にまで及ぶことが多く、休憩もあまりもらえず、想像以上に厳しいものだった。

「ちょっとあの、私の身体弱くて……」

仕事自体は充実しており、嫌と感じたことがなかった。しかし、無理をしすぎてしまったせいか、仕事を始めて2年目に体を壊してしまい、やむを得ず退職することになった。そんな厳しい状況の中でも仕事を続けてきたチュオンさんの言葉から、日本の建築技術は彼にとって、とても立派なもので、日本で建築に携わりたいという当初の夢を叶えたい思いが強かったのだろう。

「今も日本で建築のお仕事をやりたいと思いますか?」

「ん～今ですか。今は、思ってないですね」

今は建築の仕事をしたいとは思わないと、チュオンさんはきっぱりと話してくれた。しかし憧れの日本で仕事をすることは諦めきれず、ほかにできることがないかと視野を広げ試行錯誤した結果が、現在営む店に帰結する。

自分の国をどう思っているかと尋ねると、チュオンさんは真っ先に、「料理がすごく、おいしい！ フォーとか。『バインミー』とか」と、故郷であるベトナムのさまざまな料理を教えてくれた。フォーは広く知れわたっているベトナム料理であるが、バインミーを耳にしたことがある日本人はそれほど多くないだろう。

このバインミーこそ、チュオンさんが今経営している店のメイン料理なのである。バインミーは長さ20センチメートルほどの柔らかいバケットに切り込みを入れバターを塗り、野菜・ハーブ類・肉などを挟んだサンドイッチだ。

「バインミーは朝ご飯とか、夕方のご飯とか、よく食べる。道で、屋台みたいな（感じで売られている)」

母国ベトナムでのバインミーはどのような料理かと尋ねると、チュオンさんはこう答えてれた。どうやらその携帯性のよさから、庶民の間ではファーストフードのように扱われているようだ。チュオンさんはそんな大好きな故郷の味を、さまざまな国の人びとが暮らしている新大久保で広めたいと考え、建築の仕事を辞めてバインミー屋を開くに至ったのだ。

苦難の生活からバインミー屋の開設まで

日本に来てから大変だったことを聞いた。寝る時間は毎日4、5時間で他は日本語学校での勉強とアルバイトに励んでいた。学校の時間とアルバイトの時間が合わなくて、寝る時間がなかった、というのが理由だ。建築の仕事を辞めた後、彼は外食チェーン店でキッチン(厨房)とホールのアルバイトを始めた。その飲食店で身につけた料理と接客の知識は、今の仕事に活かせているという。

バインミー屋を開こうと思い立ってから実現するまでの期間はどれくらいだったのかと聞くと、「大体1年」だという。日本語学校を卒業した後、吉祥寺にある専門学校に通っていたときであった。

日本に来て3年目には「お店を出そう」と決意した。ベトナム人の留学生がたくさんいるため、彼らに本格的な料理を提供したいと思ったからだ。
思い立ってから実現までの期間の短さに私たちは驚くとともに、その思いの強さと行動力に感心した。

日本人は優しくて親切

「安全、安心とか、まだちょっと足りてないと思います」

ベトナムをどう思うのか聞いたところ、このような答えが返ってきた。治安が日本よりよくはないというのだ。チュオンさんは、日本とベトナムの警察官を例に挙げて説明してくれた。日本の警察は道を聞いたら親切に教えてくれる。ベトナムの警察官も教えてはくれるが、あまり親切ではない。

日本人が他者に優しくすることに感動した、とチュオンさんは言っていた。こんなエピソードも語ってくれた。日本に来て電車に乗るとき、駅で迷ってしまい、一緒にいた友だちも分からずどうすればいいか途方に暮れていた。その時、数人の学生が通りがかり、行き方を教えてくれたという。

とはいえ、日本に来る前と後でイメージは変わっていない。そのイメージは「親切、熱心、よくしてくれる」。チュオンさんはかつて憧れた土地、イメージした住みやすい土地で、これからも自慢のベトナム料理で人びとを楽しませていく。

店舗の拡大に向けて

今チュオンさんは、一人のアルバイトと一緒に二人で店を回している。奥さんは現在、二人目の子どもの出産準備のため、長子とともにベトナムに一時帰国している。出産後の生活が落ち着き次第、奥さんと子どもは日本に戻り、一緒に生活するつもりだ。

そして、家族4人でバインミー屋を拡大していきたいというのが、チュオンさんの将来の夢だ。しかし、その夢を叶えるのは容易ではない。

チュオンさんは新しい店を開くための場所を探している。だが、思うような場所はすぐに見つからない。テナントを借りるにも日本人の連帯保証人の署名が必要だからだ。チュオンさんは、日本人で「友人」と呼べる人がいない。そこがネックになっている。

「日本人の、親しい人、いればよかった……」

この日本において飲食業で成功することの難しさを実感しているからこそ、口をついて出てきた言葉だと感じた。それでも諦めないのは、家族で店を経営するという明確な目標があるためだ。今は困難な状況だが、子どもたちが成長し、親子2世代でバインミーを沢山の日本人にふるまっている姿を、人気になったお店で見てみたい。

（2018年8月　光英夢実・月本結菜・宮本真帆・濱邊銀次郎・永長楓）

第6話　優しさは日本とベトナムの架け橋となる

毎日たくさんの人々が行き交う新大久保。大通りから一本路地に入ったところに、こぢんまりとしていながらも多国籍な人びとで賑わっているカフェがあった。

シャイなオーナー、ドゥックさん

午前11時頃、私たちが待ち合わせ場所のカフェに向かうと、賑わう店内でお客さんと楽しそうに話す一人の男性がいた。彼は私たちに気づくと恥ずかしそうに店内へ迎え入れてくれた。ズオン・アン・ドゥックさん（30）。ベトナム人でハノイとダナンの真ん中にあるハティンという田舎町の出身だ。5人家族で妹が二人いる。現在、ドゥックさんは結婚していて、今年の2月からベトナムで結婚した奥さんと赤ちゃん（3カ月）と一緒に新大久保で暮らしている。ベトナムでは、大学で社会学を勉強し、卒業後、不動産会社で1年間働いていた。2013年5月から日本に住んでいる。

「僕は若いのでいろんなことに挑戦したい」

若いうちに海外に行きたいと思っていたドゥックさんは、ベトナムとの近さから日本を留学先に選んだ。大学卒業後の最初の来日を経て、就職のために一度ベトナムに戻ったが、再び日本でビジネスをしたいと思い、2013年に再来日した。

再来日してからは、都会に住んでみたいという思いから、2年間高田馬場の日本語学校に通った。卒業後、ビジネス系の専門学校に進学したが、ドゥックさんには授業が物足りず、1年間でやめた。

「僕はベトナムで大学を卒業しているので、専門学校の勉強はつまらない。だから満足できなかった」

彼は苦笑いしながら、こう話した。

ドゥックさんは、自分はまだ若いのだから若いうちにもっと挑戦したい、仕事をしたいと考えるようになった。そして日本で自分の会社を作りたいと思い、半年間に渡って物件を探した。まず初めに、新大久保にカフェをオープンさせた。このカフェは、ベトナム人のお客さんがほとんどだ。来日当初はあまり友だちがいなかったドゥックさんだが、このカフェを始めたことで、ベトナム人の友人が増え、コミュニティ拡大の場となった。お客さんの6割は知り合いだ。一方で、他の国の人とも友だちになりますかと聞くと、こう話した。

「他には日本人しかいない。僕は英語も韓国語もできないから。日本人とこの辺は韓国人ばかりだけどね」

2店舗目となる新大久保の韓国料理店は今年の4月にオープンしたばかり。

なぜ韓国料理店を始めようと思ったのですかという質問に、笑ってこう話した。

「日本の若い人は新大久保来たらまず韓国料理屋さん探すでしょ。だから始めたの。僕は韓国料理やったこともないけどね」

今後も3店舗目の開店に向けて日々奮闘している。

「弱い人の世話をして、助けてあげたい」

元々ベトナムにいる弱い立場の人びとを助けてあげたいという思いから、大学で社会学を学んだドゥックさん。その心優しい性格は今でも変わっていない。日本に来る前は、不動産会社で働いていた経験から、今でもベトナムの不動産会社との関係を継続している。

そのため、日本からベトナムに移り住みたい人、ベトナムで店を開きたいと思っている人に物件の紹介をしている。カフェでの出会いからこのような経緯になることが多く、日本とベトナムを繋ぐ架け橋となっている。現在、ベトナムは多くの施設や道が綺麗に整備され、日本の店もでき始めた。その影響からか、ベトナム語を勉強する日本人は多いようで、物件を紹介することは珍しくない。

「困っている人は助けたい」

彼は少し照れながら話した。

強い気持ち

趣味はサッカーやバレーボール、バスケットボール。ベトナムに住んでいる頃から体を動かすことが好きで、学生時代は毎日放課後に友だちとスポーツをすることが日課だった。日本で生活する今でも、息抜きにスポーツをすることが多く、ドゥックさんの活発な性格がうかがえる。

元気なイメージが強いドゥックさんだが、幼い時は体が小さく、できないことが多かった。家族にもたくさん助けてもらった。その経験を大切にしていて、「迷惑をかけたくない」という思いが人一倍強い。小学生になると両親に1度学校までの行き方を教えてもらい、それからは片道1キロメートルを歩いて毎日通った。道に迷ったとしても、誰にも聞かず自力で正しい道を探した。私たちからすると小学生にしては長い距離に感じる。

思わず「すごいですね」と、私たちは驚きの言葉を返してしまった。私たちの反応をみたドゥックさんは、私たちの目を見ながら、にこやかに話した。

「お母さんとお父さんに迷惑をかけたくない。みんなそうでしょ？」

日本に来ること、日本で会社を作ることも、両親や兄弟に相談することなく、一人で決めた。

「自分の人生だから。自由に生きたい。好きなことしなきゃ」

日本で生きていくこと

日本での生活で戸惑うのは、ゴミの出し方だ。来たばかりの頃から今でもとても不安で慣れないことだと言う。

「日本は曜日ごとに出すものが決まっている。それが難しい。ベトナムでは毎日何でも出してよかった」

ドゥックさんの故郷では「ゴミを分別する」という習慣がそもそもなかった。学校でゴミの出し方を教わることもないため、ルールが細かい日本との違いを強く感じるようだ。

彼にとって、日本語はまだまだ難しい。知らない単語も多いが、それよりも謙譲語や尊敬語は今でもわからないため、伝えたいことがあっても、それを言葉に表すことができない。近所に住んでいる日本人との付き合い方やトラブルの対処も難しいという。

私たちは「日本での生活でもっとよくなって欲しい、ここが嫌だなって思うことはありますか」と尋ねた。

「ありますね。でも……みんなには言いづらいですね。色々な言葉が分からないので、何も言えない」

気まずそうに、こう答えた。私たち日本人を前に、この話題は話しにくかったのか、まだまだ壁があるように感じられた。しかし、その後、こう続けた。

「でも日本はいい所ある。大阪や神戸、今住んでる東京もね……暮らしも大変じゃない。とても面白くて毎日楽しいよ」

実際、日本とベトナムの料理は少し似ている。食には困らないし、宗教を強制されることもない。カルチャーショックを感じる機会もあまりなく、生活はとてもしやすいという。

インタビューの最後の質問で、「日々の支えや仕事への活力は何ですか」という質問をすると、「家族ですね!!」と即答した。今年の2月に日本に来たばかりの家族。休日に家族3人家でまったり過ごす時間に一番の幸せを感じる。経営するカフェのおかげでコミュニティは拡大したが、大切な家族と過ごすことが一番の心の安らぎとなっているのだろう。

「子どもが大きくなっても日本にいます。日本の学校に通わせたい」

これからの将来に対して笑顔で語った。

家族のため、自分のため

今回のインタビューを通して、ドゥックさんは、何にでも興味を持つ好奇心旺盛な性格で、自分のやりたいことを実現できる行動力と家族を養うために一生懸命働く責任感、コミュニティの仲間たちを大切にする優しい性格の持ち主だということがわかった。

そんな一面を持つドゥックさんの存在が、多文化共生の街、新大久保を支える一因となっているのだろう。ドゥックさんがどのような未来を描いていくのか。とても楽しみである。

（2018年8月　安藤かおり・猪狩大智・五十嵋優花・大塚汐乃・岡島尚美）

＊＊＊

本書の入稿が差し迫った2021年11月、私は新しい事務所を構えたドゥックさんに会った。2018年8月のインタビューから3年が経過した今日、ドゥックさんの身辺に変化はあったのだろうか。

コロナ禍で不動産業を始めたドゥックさん

新大久保駅から徒歩1分の雑居ビルの3階にある事務所で、ドゥックさんは日本に帰化した元中国人と一緒に不動産屋を営んでいる。

「おまちしておりました。どうぞ、こちらへ」

入口の左手に横長のカウンターが1台、その両側に椅子が1脚ずつある。それ以外に目につくものはあまりない。事務所には、まだいくつものテーブルや椅子がおけるほどスペースに余裕があった。ドゥックさんが座った椅子の背中側は一枚の板壁を挟んで、奥のほうに従業員用のスペースがあるようだ。

彼は2020年9月に事務所を借り、ビジネスパートナーの元中国人が同年11月に宅建の資格を得たことで、不動産業を始めた。おもにベトナム人を対象とした住居や店舗の紹介を行っている。

この不動産屋以外に、ドゥックさんは今では韓国料理屋を3軒とバインミー屋を1軒経営している。社員は少ないが、これらすべての店舗で合計40人のアルバイトを雇っている。その国籍も日本人や韓国人、ベトナム人と多様だ。バインミー屋は、もともと友人のチュオンさん（第5話参照）が経営していたのだが、彼が帰国することになったため買い取った。

来日前、不動産屋で働いていたドゥックさんが、日本でも不動産屋を営むのは、ごく自然なことだ。

「ベトナム人が住める場所を紹介したいと思いまして」

今日、大久保地区には5軒のベトナム人経営の不動産会社がある。そのうち2軒はあまり経営がうまくいっていないようだが、3軒は健在だという。経営がうまくいっていない2軒は、入居したベトナム人による賃料の支払い遅延など物件の管理会社と不動産屋がトラブルを抱えてしまったのだという。やはり、外国人の物件探しをめぐる問題は、なかなか解消されない。ドゥックさんは始めたばかりであるため、まだこれといったトラブルを経験していない。だが、外国人が入居可能な物件を探すのには苦労している。

「管理会社に100軒電話しても、そのうち3軒くらいしかいい返事がない」

ベトナム人は一部屋に3～4人で住もうとする。しかし、日本の大家さんはこれを望まない。ドゥックさんは自分の店を訪れた客には、シェアするとしても一部屋二人までにするように伝えている。

増え続ける在日ベトナム人

ドゥックさんが来日したころ、日本で起業するベトナム人はほとんどいなかった。だが、今日では増えているという。

「最近は勤めていた会社を辞めて、自分で会社をつくる人が増えましたね」

こういった人たちは、シェアハウスに暮らして家賃を浮かせて資金を貯め、2年くらいしたら起業する。

今では大久保地区以外に、埼玉県の越谷や東京都の大塚にも多くのベトナム人が住むようになった。

越谷は食品加工工場やアマゾンの集配所があり、こういった場所で多くのベトナム人が雇われている。こうしてベトナム人が多く住むようになり、ベトナム人向けの雑貨屋や食堂が生まれていく。

大塚も同じだ。池袋に隣接するこの区域は比較的家賃が安く、もともと中国人が多く住んでおり外国人向けの物件があった。そこにベトナム人が住むようになり、不動産屋などのベトナム人向けの店舗ができた。

ドゥックさんは不動産業を営んでいるため、こうしたベトナム人の住まいの動向に詳しいのだ。彼自身も、これから起業するベトナム人のために物件を紹介している。

彼の名刺には「(株) DREAM HOUSE」とある。この事務所は彼にとっての「夢の家」であり、ここを訪れるベトナム人にとっても自分の「夢の家」をみつけるための場所なのだ。

ここは新しく来日した同胞に、住む部屋を紹介するだけの場所ではない。日本で自分の事業を成し遂げた先輩として、ドゥックさんが自分の経験を語り、彼らの相談に乗る場所でもあるのだろう。

起業までのつらい道のり

もともと日本には起業するためにやってきたドゥックさん。ベトナムにいる時から資金を貯め、来日当初、日本語学校に通いながら、1年目は配送業のアルバイトを掛け持ちしていた。日本語がある程度できるようになった2年目は、飲食業のノウハウを学ぶために数軒の居酒屋やファーストフード店で働いた。居酒屋では研修リーダーにまでなった。だが、あるきっかけでクビになった。

「研修中にみんな疲れるから、店のソフトドリンクを勝手に入れてあげてたんですよ。それが店にバレて解雇されてしまいました」

ドゥックさんは、今ではいい経験になったとふりかえる。こうした苦労を経て、彼は港区の支援センターに起業の仕方を教わり、ビザの発給を手伝ってもらったりしながら、2017年、めでたくエッグコーヒーというカフェを新大久保にオープンした。

「フランチャイズの店だと、まかないの食事もお金取るでしょ。給料から少し引かれる形で。でも、自分の店ではそこまではしない。まかないは働いてくれてありがとうの気持ちだから」

ドゥックさんの経営者としての視点がうかがえる。

「ビジネスなんで、そうしたい（＝まかないのお金も取りたい）けれど、きびしくしすぎると、（働いている人は）やる気なくす」

苦い経験を経て、ドゥックさんは従業員にも優しい店を目指している。

フットサルを通したベトナム人同士の大規模なつながり

趣味のサッカー（フットサル）には、今でも熱心に取り組んでいる。

「ここ2年くらいは、落合中央公園の野球場に集まって7人制のサッカーをやっています」

野球場ではフットサルのコートが3面とれる。ベトナム人の留学生や社会人など50〜80人くらいが集まるそうだ。みんな勉強や仕事が終わった後、夜に集まってフットサルを楽しむ。この日の夜もドゥックさんがFacebookを通して参加者を集め、自ら予約した西戸山公園の野球場を借り切ってフットサルを楽しむのだという。

ベトナムのサッカー熱はたいしたものらしい。この年も11月21日から4回にわたって、ベトナム人のフットサルチームが80チームも参加し、埼玉の大宮にあるグランドで大きな大会を開くのだという。在日ベトナム人は比較的若い人が多い。来日する人数が急増しているとはいえ、フットサルを通したベトナム人同士の大規模な交流が行われているとは、まったく知らず、私は驚くばかりであった。

このフットサルの練習や試合では、友人同士の近況を報告しあうこともある。ドゥックさんは、いつもフットサルに参加していた技能実習生の若者が突然来なくなったことがあったと教えてくれた。フットサル仲間によれば、この実習生は建築現場の足場づくりの仕事をしていたのだが、手取りが月8万5000円だったのだそうだ。3年働いても給料は上がらず、コロナ禍で生活ができなくなり逃げ出してしまったという。

ドゥックさんは、「日本人であれば日給1万5000円くらいは貰える仕事なのに、技能実習生だと同じ仕事をして月給8万5000円になってしまう」と嘆く。

二人のお子さんとともに

ドゥックさん夫婦には、2019年に第2子が生まれた。

日本でお子さん二人を育てながら生活するのは大変ですねというと、家族で助け合いながら生活するのは大事なことだという返事がかえってきた。以前のインタビューで「家族が大事」だといったドゥックさんの言葉がよみがえってきた。

今はイケメン通りのあたりにある保育園に子どもたちを通わせている。この保育園は、日本や韓国、ベトナム、ネパールの子どもたちがいる。新大久保の縮図である。

生まれながらに多文化環境で育つドゥックさんの子どもたちは、将来どういった道を歩むのだろうか。今から楽しみである。

（2021年11月　箕曲在弘）

第7話　人生を変えた仕事――日本で暮らすネパール人のために

百人町2丁目の路地を北に進むと、住宅街の中にネパールの国旗が見えてきた。この国旗を掲げるのは、GMTインターナショナルという主にネパール人向けの新聞を制作する会社の事務所だ。2階建ての古めかしい建物の右側にはネパール料理店、左側には同社の事務所があった。事務所の引き戸をカラカラと開けると、3人のネパール人男性が仕事をしていた。その中で、受付カウンターの反対側にいたのが、同社に勤務するドウラ・リトゥ・クマルさん（38）である。

同じネパールから来る人のために

一見寡黙な印象を醸し出すドウラさんであったが、実は話し出すと止まらない、自他ともに認める「話し好き」であった。

ドウラさんは、ネパールの首都カトマンズから車で7〜8時間のところにあるラムジュン郡で生まれた。彼には二人の姉と一人の兄がいる。現在は東京の練馬区に同じネパール出身の奥さんや14歳の息子さんと一緒に暮らしている。

彼の勤務するGMTインターナショナルは、ネパール語新聞『ネパリ・サマチャー』を発行している。第3話でも記したとおり、この新聞には、日本の政治経済に関する情報のほか、日本で暮らしていくうえで大切なアルバイトやビザ申請に関する情報、また母国のことを忘れないようにネパールのニュースも載せている。

またドウラさんは海外ネパール人協会や地域コミュニティとの関わりがあり、自分と同じようにネパールから日本に来日して暮らしているネパール人とも繋がっている。

自分の力で生きていく

ドウラさんの学生時代において、アルバイトの経験は大きな位置を占めていた。大学生になった頃にドウラさんは両親を立て続けに亡くした。そもそもネパールでは、大学生はあまりアルバイトをできないし、しない。しかし、この時期に両親を亡くしてしまったドウラさんは、自ら働きお金を稼ぎながら大学に通った。当時していたアルバイトは、新聞配達であった。1日3時間は自転車で決まったルートを毎日休みなしでまわり、終わったら大学に行くという生活をしていた。

勉強とアルバイト――大学に通うために彼は毎日忙しい日々を送っていた。そんな人生を過ごしていた彼だったが、ある思いがでてきた。

「このまま一つの仕事では人生が変わらない」

この思いから、約1カ月半大学が休みになる夏休みと冬休みには講習会に参加し、タイプライターのタイピングを勉強した。彼はここで3カ月ほど学ぶと文字が打てるぐらいにまでなった。

その講習が終わった頃に、大学でパソコンを学び始めた。当時パソコンは都市にしかなく、田舎に住んでいた彼はこのとき初めてパソコンを見たそうだ。彼の知り合いがパソコン教室にいたため、そこで他の人がパソコンを使っているのを見ながら一緒に勉強をしていた。そのとき彼はパソコンのキーボードと、習っていたタイプライターのキーボードが同じことに驚いた。

「タイプライターはキーを押すときに力を入れないといけないのに、パソコンなら簡単に押せるのはすごいと思って。初めて触った日の夜はぜんぜん眠れなかった。明日になれば触れるだろうと思いながらもずっと寝ないで一日過ごして。今思うと本当にすごいね」

タイピングを習っていた3カ月の経験は非常に大きなものだった。文字を打つのがすごく速く、周りからも驚かれた。当時、多くの学校は試験の問題用紙を手書きで作っていたそうだが、パソコンの登場とともに少しずつその仕事がパソコンに移り変わる時だった。そのため、パソコンが広く普及する前は彼が通っていたようなパソコン教室がその問題用紙の作成などを請け負っていた。

パソコンで文字を速く打てることが求められた場で、彼のこの速さは活かされた。会社のほうから仕事を勧められ、彼はそれまで行っていたアルバイトをやめ、朝から晩までパソコンで文字を打つ仕事を始めた。一日中キーボードを打つ作業をして、空いている時間もパソコンを使って、周りの人からもさまざまな知識を得て、自分でも学んで……。彼のパソコンのスキルはどんどん上達し、大学でも他の人にパソコンを教えるほどになっていた。

時代が少し変わり、学校にもパソコンが広く普及しはじめた頃、問題用紙の作成の仕事は減ってきた。そんなときに見つかったのが新聞を作る仕事だ。夜はパソコンを使って新聞を制作し、昼はパソコンを教える。このアルバイトを通して収入が安定し、人生が変わった。また彼は、自身の専攻が文系だったこともあり、ネパール語で自分の考えや経験を書いて新聞にも載せていた。この時の経験が現在の仕事に大きく役立っている。

今日僕は結婚します

ネパールの大学に通っていた頃、ドウラさんは同い年の奥さんと出会った。二人はなんと交際6カ月、しかも大学を卒業する前に結婚した。もともと結婚についてカーストによって規則が決まっていたり同じカーストでも条件があったりと日本と比較すると厳しいネパール。しかしドウラさんと奥さんは結婚を当日の朝にいきなり決めたのだ。

「結婚を朝の10時まで知らなかった。結婚しようってことだけは思っていたけど、いつするかまでは決めていなかった」。当時のことを振り返りドウラさんは言う。ネパールでは、大事な行事を行う日どりや曜日をビクラム暦にしたがって決める。その考え方が昔から残っていたため、それに照らして考えた時、結婚するのに適した日はビクラム暦の8月1日だと分かった。結婚する時、ネパールではお寺に行く。8月1日、「今日、結婚する」と当日の朝の10時に決めてからドウラさんは「今日僕は結婚します。だから夜の仕事頼めない？」と友だちに頼んでそのまま逃げた。

また奥さんも「どっか行ってくる」というように家を出た。奥さんの家の門限は夜の6時であったが、5時半頃、家に「私はもうお寺に行って結婚したから今日は戻らない」と連絡した。こうして結婚を決意してからあっという間に二人の新しい生活がスタートした。

ドウラさんは当時すでに両親を亡くし、大学を卒業するために自分で稼いでいたものの、もちろんお金には余裕がなかった。だが、当時のドウラさんは、「自分はすでに仕事もしている。大学も卒業したらもっと働けるしパソコンなど色々な知識もあるからやっていけるのではないか」と思った。また奥さんも同時に卒業するため、きっと仕事も見つかる。二人で頑張れば生きていけると考えた。

そういう経過でいきなり結婚した二人。初めは誰にも言っていなかったが、のちに結婚式のパーティーを行うため友だちに連絡した。「早く来て、結婚するから」と。当時のことを思い出して、面白かったとドウラさんは言う。

陽が出たら一番最初は日本に

ネパールでは小さい頃から「陽が出たら一番最初は日本に」と教わるそうだ。太陽が出てくると日差しがまず日本にあたるということだ。こう教えられてきたため日本自体は小さい頃から知っていた。また奥さんの兄弟や親戚の多くが日本に住んでいた。そのため奥さんの家には日本地図があった。したがって、日本についてはは少なからず知っていた。しかし彼はもともと海外に行きたくはなく、むしろ自分の国で何かしようと思っていたぐらいだった。

そんな彼が日本に興味を持ったきっかけの一つに、アルバイトの合間の自由時間での出来事があった。バイクを購入した彼は、ネパールの色々なところを回り、さまざまな国の人の話を聞いて記事にしていた。しかし日本人に出会っても自分は日本語を話せない、相手も英語を話せない、ネパール語ももちろんわからない。会話をする方法がないと気づいた。

「同じ人間同士なのにどうしてコミュニケーションが取れないのだろう」

そう思った彼は「あ」や「い」など簡単な文字が書いてある本を買い、自ら日本語を学び始めた。あわせて、彼の奥さんの兄弟も日本に住んでいたこと、奥さんから海外に行かないかと相談があったこと、ネパールと同じアジアの国でネパールに少し似ていること、日本がネパールへの支援をたくさんしていることなど、さまざまな要素が重なり自分も日本に行こうと決心した。

二つのV

ネパールでは外国で暮らすにあたり必要だと考えられている二つのVがある。それはビザ（VISA）とバサ（VASA）である。ビザはその国への入国査証、バサはネパール語で「言語」という意味を持つ言葉だ。ビザがもらえればその国に行ってからはバサが大事。昔から言われてきたことであるため、ドウラさんはこの二つのVを大事にしていた。そのため日本に行くことを決めてからは、ビザがおりるのを待ちながら、忙しい合間を縫って日本語の勉強をしていた。

最初は就労で日本に来ようと考えたドウラさん。しかし、ビザがおりるかどうか分からない。考えた結果、目的を勉強に変えた。つまり留学という道を選んだ。そうと決めてからはネパールにある日本の文化センターに通い日本語を習った。そこで多くのネパール人をはじめとする、さまざまな国から来た人びとともに勉強を続けた。

2冊の教科書のうち2冊目の半分が終わった頃、ビザがおり日本に来日した。2005年のことだった。最初に住んだのは福岡。そこの日本語学校に通った。ネパールでの勉強のかいがあり、自己紹介や挨拶などある程度自分のことを話すことができるようになっていた。しかし、そこは福岡。そう、博多弁に困惑した。

日本に来日した当初、彼が多くのことを学んだのはアルバイト先からだった。もちろん学校でも日本語の文法や日常生活のルールを学んだそうだが、その他のことはアルバイト先の人びとから学んだ。そこでは日本人の友だちもでき、美味しかった食べ物を共有したり、たわいもない会話をしたりとたくさん日本語で会話した。そのうち博多弁にも慣れていった。

もともとおしゃべりだったドウラさんは、ときに学校で注意されることもあった。ただそのおかげか日本語の上達も周りの学生より早く、のちに入学する東京国際大学の留学生対象のスピーチコンテストで優勝したこともある。ドウラさんにとって福岡は、離れた今でも、自分の地元のような場所で、大切に思っている。

必要なのは職・住所・学歴

先にも述べたように、ドウラさんは2009年4月に東京国際大学に入学するために上京した。この時点で奥さんは日本にいたが、息子さんはネパールに居た。東京に来て不動産屋で住む家を探したが、とても苦労した。ある不動産屋では、中に入った瞬間に外国人はダメと断わられたり、仕事も決まっていなかったために、どうやって家賃を払うのかと言われたりした。

しかし、アルバイトを探すにも、住所が決まっていないとなかなか受け入れてもらえなかった。さらに学校からも早く住むところを決めてほしいと催促され、家・仕事・学校の三つを考えさせられていた。

「まあだいたい100件くらいまわった気がするね。足立から埼玉まで探した。練馬とか池袋とか新宿とか。どこでもあればいいと思った」

ドウラさんのこの言葉からも、物件探しは日本で暮らそうとする外国人の壁であることがうかがえる。

困難の末、大学まで電車一本で行くことができ、働ける場所の多い新宿や渋谷へも行きやすい板橋区の成増に家を見つけた。現在もそこに住んでいる。

アルバイトに関しても、面接になかなか受からなかったが、のちにようやく居酒屋でのアルバイトが決まった。このことについて振り返り、「友だちからよく顔が怖いと言われた」と笑いながら明るく話す。

東京国際大学の卒業後に進学した東洋大学の大学院時代には、赤羽にある国際交流センターで日本人にネパール語を教える仕事をした。住所が固定し、学歴が付いてからは比較的生活が順調であったようだ。

母国を変えたい

日本語が完璧には理解できていないまま口座を作ろうと銀行に行ったところ、後から来た日本人と同じ対応をしてもらった。向こうから提供されるサービスが誰に対しても平等で、この出来事を通して、日本を好きになった。しかし、書類を書く際に一つ問題点があった。

「書くときに『ご住所』とか『お電話番号』とか丁寧な言葉を使われると、（自分の知っている言葉と）違う意味かなって分かんなくなる」

言われてみると、確かに日本語を習うときは「住所」「電話」と習ったはずであり、これは意外に気づきにくい問題である。

母国ネパールでは外国人が店の列に並んでいると、後ろに回されることがある。レジのアルバイトの学生はほかの人と喋りながら雑に商品を扱う。このような場面を見ると、ドウラさんはよく注意を促す。彼はたとえ大統領が変わってもシステムが変わらない限り、そういった現状は変わらないと話す。

「紙が切れないとき、切る人とハサミどっちがだめなのか分からないといけない。だいたいハサミは同じだから、新しいハサミをもってこいと言いたくなる」

母国の現状について、政府のシステムをハサミに例えて深刻な表情で嘆いた。

おにぎり、ありがとね

好きな日本食は何かと聞くと、おにぎりの話題に発展した。ドウラさんは「おにぎり、ありがとね」という記事を書いたことがあると話した。「おにぎりは、私の人生にどれだけ協力してくれてるだろう」と語る。

もともとネパールには人が握ったものを食べる習慣がない。

「ネパールの米はパサパサだから握れない。でも、人が亡くなったときに米を握って捨てるという習慣がある。だから、最初はおにぎりが気持ち悪かったんですよ。でも、友人や先生が食べてるから、私も食べてみたんだけど、そうしたらおいしかった」

おにぎりはいつどこでも買えるうえ、長持ちし、中にはいろいろな具が入っていて、どれも美味しい。彼が日本で暮らす中で、おにぎりは欠かせない存在のようだ。

「誰が考えてつくったのか、ありがとうと言いたい」

ドウラさんは、こうした気持ちを記事にしたのだという。

読書好きのドウラさん

ネパールでは小説をよく読んでいたけれど、日本に来たらネパールの小説がなかった。最初は日本語もあまりできなかったので、小説が読めないことでストレスを感じていた。しかし、すこしずつ日本語ができるようになり、漢字を辞書で引きながら、『走れメロス』など日本の小説を読み始めた。

よく通っている大久保図書館で、ある日「ビブリオバトル」をやるから出てみないかと館長に言われた。最初、それがどういうものかわからなかったけれど、自分の好きな本を紹介するものだとわかり、試しに出てみた。その時は、ネパールの本を紹介したものの、5分しか時間がなくてあまりうまくいかなかった。

「一生懸命調べたんだけど、時間が短くてみんなに言いたいこと、言えなかったね」と残念そうに言う。彼のまじめで熱心な性格が伝わってくる。

彼はその大久保図書館にネパール語の本をはじめて寄付した人物だ。

「ネパール人が、本を読めるような、図書館に行く瞬間を作りたいなって思って、自分の読み終わったやつとかも寄付してる」

地域に積極的に貢献するドウラさんの姿勢がうかがえる。ネパール語の本は本屋では取り扱われておらず、探すことが難しい。今後は子ども向けの本なども寄付したいと話していた。

新大久保には仕事をしに来ているドウラさん。こうした図書館への書籍の寄贈ばかりでなく、地域の集まりや会議にも参加している。大久保商店街のベトナム人や韓国人、日本人など多様な国籍の人と関わりを持っている。それは自分が新大久保で働いていくうえで大切だと思うからだ。

シャイな日本人、損している？

ドウラさんが日本に来ていまだに理解できていないことは、日本人の気持ちだ。

「実際に何考えているのか分からない。曖昧な気持ち。強く言わない、相手を傷付けないようにしている」

イエスならイエス、ノーならノーとはっきりしてほしいと本音を漏らす。相手の感情が読み取りづらいと他人とのコミュニケーションが取りにくい。実際に、福岡から東京に来た時に飛行機で隣に一時間以上もいるのに、一言も言葉を交わさなかったという体験談を話してくれた。

ネパールでは隣の席に座ればすぐ話しかけてくるため、「これも邪魔になっちゃったりするから、どっちが良いのか悪いのか分からないね……」と文化の違いに戸惑う様子を見せた。日本人に慣れている人はだいたいの感情は読み取れるが、わからない人は冷たいと感じるのではないか、と教えてくれた。

日本人の控え目な性格は、外国人との壁を作っているように思える。

本を出版したい！

ドウラさんは日本での自分の経験や思い出を本にするのが夢だ。日本に初めて来たのが10月で、福岡の油山が紅葉に染まるのを目の前にして、「もみじとか綺麗な木を見たらすごい喜んで走ってたね」と当時を思い出して懐かしそうに微笑んだ。ドウラさんにとって油山は日本に来て最初の思い出での場所であり、思い入れが強い様子だ。油山のことはすでに大学時代に記事を書いたことがあるが、つぎは本として再び油山での思い出を中心に出版したいと語る。

〝自分を変えたい！〟と思い学び始めたタイプライター。それがあってこそのパソコンの上達、またネパール時代の新聞制作の経験。あの時の彼の決心が今の仕事につながっている。ドウラさんはこれからもその積極性と行動力で、日本とネパールを繋いでくれるだろう。

（2018年8月　伊藤奈菜・武部虎太朗・大谷優佳・上嶋里穂・須賀百合香）

第8話　縁が導いた日本――温かさがつくる共生

多国籍な街、大久保地区の東側、明治通りの近くにある大久保図書館。ここもまた、多国籍な利用者が訪れる。さまざまな言語の本を取り扱っていたり、地域の生活情報を多言語で表示したりと多文化共生に力を入れている。私たちはそんな大久保図書館で働く一人の女性に話を聞くことができた。

故郷の暮らし

大久保図書館で働く劉《リュウ》・梓《ズー》萱《シュエン》さん（38・仮名）は、中国の北東部のハルビンに生まれた。自然が多く、冬にはマイナス30℃まで冷え込むこの地は、「東洋の小パリ」「東洋のモスクワ」と呼ばれる。そこで両親と3歳上の姉の4人で暮らしで、姉と商店を営んでいた。彼女が生まれた1980年は中国で一人っ子政策が行われ、生まれたのはギリギリセーフだったと笑いながら話した。

遠距離を越えて

女性の友人の紹介で出会った日本人の旦那さんとは、現在、東京に二人で暮らしている。劉さんは3カ月ほど日本語を勉強していた経験があり、中国語が話せない旦那さんとは日本語でコミュニケーションをとっていた。

彼女はもともと日本語を学ぼうとしていたわけではない。当時流行っていた『冬のソナタ』がきっかけで韓国語を学ぼうとしていた。いざ勉強しようと学校に行ったとき、すでに韓国語講座が始まってから1カ月ほど経っていた。途中から参加するのでは追いつかないため、語学学校から日本語はどうかと勧められた。このことを振り返り、劉さんは言った。

「それはすごい縁かなって思いました」

もし、語学学校に少し早く行っていたら、旦那さんと結婚はおろか、出会うことさえしていなかったかもしれない。たまたま始めた日本語が旦那さんとの出会いを呼び、結婚にまで繋がるとは、まさに縁だろう。出会いから、日本と中国という遠距離でおよそ2年半という年月を過ごし、2007年に結婚を迎えた。

仕事探しで感じた差別

結婚後、日本で最初に来たのは旦那さんの出身地である富山だった。そこでは仕事を探すことに苦労した。面接に行っても外国人というだけで採用されず、差別を感じたという。劉さんはその時のことを少し悲しそうに話した。

「外国人いらないっていう会社が……。面接に行ったら外国人はダメだ、お断りみたいな感じで言われたことありますね」

しかし、富山での生活はそうした苦労だけではなかった。勤めていた製造会社で知り合った年配の日本人女性がとても優しく、多くのことを彼女に教えてくれた。孫の誕生祝を贈ったり、畑で作った野菜をもらったりと良好な関係を築いていた。そんな関係が富山にいた時の彼女の心の支えになっていた。富山に帰省する際にはお土産をもっていくなど、東京に引越した現在でもその交流は続いている。

東京での生活

２０１６年、旦那さんの転勤によって東京の練馬区に引越した。当初は富山とはまったく違う生活になかなか慣れなかった。周りの雰囲気はもちろん、車社会の富山とは違い、東京では電車と徒歩で移動しなければならないといった変化に戸惑ったという。現在は苦にならなくなったが、引越してしばらくは家から駅までの20分を歩くこともつらかった。

また、富山では方言が使われていたため、引越してしばらくは標準語との区別がつかなかった。

「富山にいた時、富山弁がすごくて。東京来たらみんな標準語じゃないですか。どれが富山弁、どれが標準語か分からなかった。戸惑うことがいっぱいありました」

多文化な図書館

静かな場所が好きだった劉さんは図書館の求人を見つけ、そこで仕事をすることになった。はじめは他の図書館で働く予定だったが、多文化共生の取り組みを行っている大久保図書館に来ることが決まった。大久保図書館では、定期的に外国語での読み聞かせや写真展などのイベントを行っていて、彼女自身も子どもたちに中国語で読み聞かせを行ったことがある。

「小さい子たちに自分の言葉で読んであげて、すごく嬉しく思いますね。中国語聞いてすごく興奮してて。すごく嬉しそうなので、私も楽しくさせていただいてます」

大久保図書館のこのような取り組みは、参加する子どもたちはもちろん、読み聞かせをする企画者側も楽しめる。それも大久保図書館の魅力の一つであるだろう。

大久保図書館は周囲に日本語学校が多いからか、中国人の利用者も多く、日本語の勉強にはどの本がいいかと相談を受けたり、学生が卒業論文を書くために必要な本を一緒に探したりと、劉さんだからこそできることも多い。普段、生活している中では中国出身の人との交流はめったにないという。だが、この図書館で働いていることで、中国人の利用者と友だちになり食事に行くなど、新しい縁も生まれた。

図書館からみえる違い

本や静かな場所が好きだと話す彼女に、中国の図書館について聞いてみた。日本の図書館は学生が調べものや勉強をしたり、お年寄りや小さな子どもが気軽に集まる憩いの場になっていたりと、多様な人が利用している。しかし、劉さんの知る限り中国の図書館は主に学者や研究員などが利用し、一般の人はあまり利用しない。劉さんは日本ほど図書館を利用している人が多くなかったと話した。図書館の利用目的や利用方法にも両国の人びとの習慣の違いがあるようだ。

彼女から見た日本

劉さんは初め、新大久保がさまざまな国籍の人たちが住む街であることを知らなかった。そのため、実際に働き始めた時には外国人や外国人が経営する店の多さにとても驚いたという。新大久保に人びとが集まることについてどう思っているのか聞いてみると、こんな答えが返ってきた。

「主人のいとこに会って『大久保っていいね！　あこがれ！』って言われて。大久保、何があります？」

周りから見ている人の感じ方と実際に生活していたり、仕事していたりする人の感じ方には差があるように思われた。

「ただ、コリアンタウンだからか、駅周辺の混み具合は尋常じゃない！　韓国料理、食べ物がおいしい。だから、人気なんですね」

また、彼女は来日するまでは日本を豊かな国だと思っていた。しかし、実際に生活してみると、サラリーマンは日本と中国であまり差がなかったという。劉さんは、給料は中国より日本のほうが高いが、その分物価も高くなるため生活の苦しさはあまり変わらないと話した。

最後に日本のいいところと悪いところを聞いてみた。彼女は水道水がそのまま飲めることや、すぐに調理できるようにスーパーでは野菜や肉が切った状態で包装されて売られているところが、日本のよいところだという。日本で生活していると気にも留めないことだが、そのような小さなことからも習慣の違いを感じられる。

一方、悪いところについて質問すると、やはり差別が気になるという。仕事探しで外国人だからと断られたり、外国人だと分かると態度や対応が明らかに悪くなったりする。国同士の関係が悪いときは、中国人は悪いことするのは得意だから、などと直接言葉で差別されることもあった。

しかし、新大久保はいろいろな国の人がいるからか、あまり差別を感じないと話す。

「特にこの図書館はとても親切。館長や、みんなが親切なので、温かい」

大久保図書館では多くの外国人利用者のために図書館に関することだけでなく、ゴミの出し方などの生活情報についても多言語で案内している。そのような取り組みは外国人に温かさを感じさせるのかもしれない。その温かさが多文化共生につながっていくのではないか。

（２０１８年８月　伊藤奈菜・武部虎太朗・大谷優佳・上嶋里穂・須賀百合香）

第9話 経営を学ぶために日本へ、そして不動産屋に

若者で賑わっている大久保通りをまっすぐ東に歩いていき、少し人通りが少なくなったあたりにある建物の2階で不動産屋を経営している人物がいた。

韓国で生まれ育つ

現在新大久保で不動産屋を経営している金沢尚基さん（69）は、韓国の大邱《テグ》で生まれた。この場所は韓国3番目の都市であり、教育を重んじる風習が強く、伝統を大事にする人が多いという。そんな都市で6人兄弟の3番目として誕生し、教育熱心な両親の元で育てられた。

金沢さんは見合いで知り合った在日韓国人の女性と日本で結婚した。挙式ではタキシードと民族衣装を着た。そして新大久保でラーメン屋を営んでいる長男と会社員の次男がいる。

日本的経営を学ぶため慶應義塾大学大学院へ

韓国で学生の頃、日本の経営の仕方を学び、興味をもった。日本の高度経済成長期の日本的経

営に憧れていたことが彼を日本へ導く要因となった。勉強をしていけばその道のエキスパートになれると考えていた。そこで、29歳の時初めて来日し、慶應義塾大学大学院で経営について勉強した。日本に来るための費用はどうしたのか聞くと、笑いながらこう話した。

「お金とか親戚が応援してくれた、それで出世払い」

大学院時代はアルバイトをしながら奨学金をもらうため、一生懸命勉強した。努力家であったのが伝わる。

そしてまた韓国に戻り大学教員となった。蔚山《ウルサン》にある大学でマーケティングを教え、日本の大学の教授として再び来日した。

定年後も働きたい

長年勤めていた大学の定年が近づいていた金沢さんは、定年の3年前に退職後について考えた。日本人の友人に相談すると、不動産経営を勧められた。自らが今まで学んで培ってきたマーケティングの知識や商売に関わった経験、資格があり、経営実務の勉強をしたことがあるため、「やろう」という気持ちになった。新大久保を拠点に事務所を借りて、２０１７年5月に開業した。

韓国の知り合いが新大久保に多いことから、事務所は新大久保。日本人の友だちもいる。個人経営ではあるが、事務所には日本人のスタッフがいる。事務所が新大久保であることから、物件は新大久保に多いが、千葉や横浜にも足を延ばしている。最近は韓国に帰る暇がないほど忙しい。客層は多い順に、韓国人、中国人、ベトナム人、ネパール人。日本人以外の人に需要が高いようだ。日本人経営の不動産屋に外国人が訪れても、家を紹介してくれないケースも少なくない。英語や韓国語も話せる金沢さんは、日本語を話せない人にとっては相談しやすい貴重な存在だといえよう。

家族で考えた、国籍に対する思い

25年前に国籍を日本に変えた。金沢さんが日本でずっと勤めていたことも理由であるが、二人の息子が帰化を求めたことも理由であった。当時上の子は高校生、下の子が中学生だった。

「下の子がとくに、友だちも周りも日本人でしょ。帰化の話をしたんですよ、そしたら息子が(帰化)してもらいたいって。理由は『僕はもうずっと日本に住むつもり。友だちもいっぱい居るんだから』とはっきりと話していました」

息子には韓国に帰るという考え方はなかったと笑いながらいう。中学1年の息子は将来公務員になりたいという気持ちがあった。

「当時『帰化』っていうのは個人ではできないんですよ。家族でやるものであったので、もうちょっと考えてみようと一度話を保留にして。そのあと3年後、下の子が高校生になった時また同じことを強く言うんですよ。それで上の子も同じ考えでね」

子どもたちが帰化を望み、少し成長したその当時、金沢さんはもう一度考え直した。大学教授として日本で働いており定年後も日本で働きたいとずっと思っていた。帰化に対し複雑な気持ちはあったはずだが、それでも金沢さんは子どもたちの考えを尊重した。

帰化前の名前は金尚基《キム・サンキ》。帰化後の名前は自分で考えた。しかし金沢さんが最初に選んだわけではなく、歴史的背景も関わっている。

「日本統治時代、ヨーロッパでも植民地化、日本も韓国（朝鮮）とか台湾とかで。1910年日韓併合スタート。36年続くわけですね。韓国（朝鮮）に日本の政府、これが朝鮮総督府であり、ここに権力が集まる。そうして創氏改名です。ひと文字付けくわえて『金沢』、それを日本流の名前にしろと。それが由来です」

植民地下の朝鮮における創氏改名により、祖父も父も金沢という日本名を名乗っていた。終戦後しばらく使っていなかったこの日本風の苗字を、帰化に際して彼がふたたび使うようになったのだ。

帰化すると決めた時、父は亡くなっていた。母は「任せる」と容認してくれた。

家族の日本への帰化に対する想いは、全員同じだったのだ。もはや日本は彼らにとって近い場所であり、慣れ親しんだ場所になった。

日本に来て苦労した

金沢さんも文化の違いで苦労したことがある。

「日本では『内と外』の考えですが、韓国ではそういう考えはない。すぐに飲みにいこうってなる。日本では友人作りが大変」

日本人は身内や仲間といった親しい人たちとそれ以外の「知り合い」とを分けたがる。金沢さんはこれを「内と外」と表現する。外国人である金沢さんにとって知り合いから親しい人という間柄になるのには苦労があったようだ。日本人の友だちもいるが、ほとんどが大学で知り合った。学生の方が、友だちを作りやすかった。

また言葉の違いにも苦労した。それは言語が違うからという意味ではなく、言葉のニュアンスが違うからだ。たとえば韓国ではストレートに「どこにいくの」と問われたら、具体的に話す方がよい。しかし、日本で同じ質問をすると「ちょっとそこまで」と返す。それは人ががっかりする不誠実な返答の仕方なのだ。日本の曖昧さには、いまだにさじ加減がわからないといった様子だ。

日本のよいところ

金沢さんは、日本は文化を大事にする点が素晴らしいという。城や何代も続く家訓、国宝、民芸品を大切にすることなど、韓国では何代も続く店があまりなく、新しい店に転々と変わってしまうし、代々継ぐという考えがあまりないのだそうだ。

また、日本では清掃が行き届き、日本食も美味しいと、にこやかに話した。

将来へのビジョン

「あまり大きいことは言えませんが、日本の若者はもうちょっとですね、目標をしっかりもっていただきたいな。要するに目標を持たないまま何となく卒業っていうね。できれば、目標をもつだけでなく、きちんと決めたらそれにかかわる資格、仕事、勉強をする」

日本の学生たちを見てきて、みんなふらふらしているように感じたという。韓国では就職が厳しい。みんな必死に勉強しているが、TOEIC800点でも大企業には入れない。日本の学生は何をやるべきかビジョンがなく顔が冴えないという。日本の学生をたくさん見てきた金沢さんの説得力ある意見に、たいへん耳の痛い思いがした。

金沢さんは大学4年生の頃、将来何になりたいかを友だちと話し合い考えていた。「君は将来何になりたいの」とお互いに聞いていた。学生の頃から「僕は経営者になって大企業を作る」という人が実際そうなったのだ。当時韓国には競輪はなかった。だけど数年後、ＴＶでその友人が大手競輪の会長として映っていた。

「ぼくはまあ教師かな、とは思っていたんですがね」

金沢さんは「若い時に決めたものになった」と話す。自分で決めたことによって、その決定に見合った状況が作られる。つねに物事の先を考える金沢さんの姿勢は、これまで生活してきた環境による。

韓国での学生時代には、ぼろの服を着た子どもたちがガムを売りに来ていた。

「僕らは学生時代、お金ないけど、ガム買ってあげるんですけどね。いやあ、悲しかったね」

金沢さんは、韓国の「団塊の世代」（１９５５～１９６３年生まれの世代）にあたる。日本と同じく戦後の復興期にあたり、苦労が絶えなかった。働かないと生きていけなかったのである。

そんな彼は、今日本において毎年大みそかの鐘の音を聞きながら、来年は何をしようか、と考える。目標を決めて生きることが習慣になっている彼の表情は生き生きとしており、話し方は穏やかながら、自信に満ちている。

「為せば成るですよ」と笑って話す金沢さんは、今後、行政書士の資格をとるつもりだ。自身を取り巻く環境が変わったとしても止まることのない向上心が感じられる。

努力した経験

祖父は漢文学者だった。習いに来る人もいて、米をもってくる人もいれば、ジャガイモやネギをもってくる人もいた。それと引き換えに、無料で勉強を教えた。食べ物に困ることはあまりなかった。

金沢さんの家は、教員になる人が多い。いとこには、医者が多い。学校には通わせてもらえていたが、当時の韓国は食べ物がなく、貧しかったため、学費の工面が大変だった。

だからこそ、彼は日本語を独学で学んだ。もっとも、当時住んでいた地域に日本語学校はなかったという事情もある。こうして独学で身につけた日本語ではあるが、意外にも彼は独学を勧めない。

「独学はよくないですね。通じない。結構ありました。本丸1冊暗記、単語知っていたけど発音はダメ、きちんと学校の先生から学んだほうがいい」

こう考えるからか、来日してから通った慶應義塾大学では、昼ご飯は必ず誰かと食べるようにしていた。そこで日本人に声をかけ、日本語で話すのである。

「聞くと教えてくれる。聞かないのは一生の恥です。5年10年もたつと、えらい違いが出てきます。やるのとやらないのとでは」

この時も、がむしゃらに学ぼうとした。目標をもつことでモチベーションが上がる。日本へ行きたいという憧れから、彼は日本についてより一層勉強した。好きなことには研究熱心になる。やらないことよりも、やるほうが大事だ。金沢さんにとって失敗を恥じて挑戦しないことが一番の後悔であり、挑戦を諦めてしまうことのほうが苦痛である。つねに目標があるからこそ、それに向かって努力していける。

ストイックな姿勢であるからこそ、失敗や成功の経験がある。それは彼にとって重荷ではなく、彼自身を成長させるばねになっている。

（2018年8月　大房奈緒子・加々見紗彩・髙林祐美・牧　香里・陸　蕾蕾）

第10話　国境を越えて、日本で暮らす——選んだ新大久保という街

コリアンタウンとして有名な街、東京の新大久保。ハングルで書かれた看板を掲げる韓国料理屋に交じり、台湾、ネパール、タイ料理などの飲食店もあり、通行人の国籍も多様である。そんな中、多文化共生の街、新大久保で語学学校を営む人物がいる。

苦労と支え、気づけば20年

新大久保語学院の院長として新大久保で暮らす李承珉《イ・スンミン》さん（51）は、韓国の南西部に位置する木浦《モッポ》で生まれた。李さんは三人兄弟の長男で、次男も日本在住、三男は韓国在住である。

日本に住み始めたのは、今から21年前の１９９６年9月30日だった。きっかけは日本で勉強したいと思い、留学生として来日したことに始まる。それ以前に観光旅行として３泊４日の日程で日本を訪れたことや、日本で留学経験がある友人から日本はよいところだという話を聞いたことも、日本滞在の後押しになった。

来日前、李さんは5年ほど広告会社に勤めていた。このため、留学時の学費や生活費は自分で賄うことができた。来日後の１９９７年には、来日前に出会った女性と結婚した。李さんは奥さ

んについて、「彼女は日本語が専攻だったので、日本語は私よりも上手でしたね」と話す。奥さんが日本語を専攻していたことは、多かれ少なかれ李さんの生活に影響を与えたと思われる。

李さんには13歳と7歳の子どもがいる。日本の学校で教育を受けているため、日本語は韓国語よりも得意だ。二人のお子さんについて、「家ではなるべく韓国語で声を掛けてるんですけど、(返事が)返ってくるのはほとんど日本語ですね」と笑顔で話してくれた。

李さんは日本への留学を決意してから来日するまでの約6カ月のあいだで日本語を勉強した。最初は会社の同僚2、3人と勉強会を開き、テープで発音を聴いたり、本を見ながら学んだ。その後は、日本語学校で先生に教えてもらいながら勉強に励んだ。

「文法は、日本に来て日本語学校でレベルテストをしたら中級を貰ったので、文法はある程度、まぁ一通り学んだところなんですけど、会話は全然できなくて、もう、苦労しましたね」

日本へ行くことを決めてから半年間にわたって日本語を勉強してきたものの、李さんは来日してから日本語の会話に相当苦労した。しかし、それでも日本で生活してこれたのは、周囲の人々の支援があったからだ。家族をはじめとして、日本への留学経験がある韓国人や日本に住む韓国人、妻の知り合い、妻が韓国語を教えた日本人の方など、さまざまな人々の支えがあったから生活が成り立っていたのかもしれない。

どこに住んでもいい、行き着く先は新大久保

約20年前、李さんは日本に向けて出発した飛行機内での心境についてこう語った。

「覚えてないですけど、すでに30歳の男でしたから。どこに住んでもいいし。その前に日本に来たことがあるから、不安とかよりもワクワクですよね」

李さんは日本滞在当初、日本語学校が近かったため、板橋区に住んでいた。妻の大学寮があった小金井、李さんの大学寮があった小石川、ついで豊島区の高田に住んだ。その後、5回目の引越し先となったのが新大久保だった。それまで1年に1回ほどのペースで引越していたが、新大久保には2002年ごろから現在まで約15年間住み続けている。

その理由を李さんはこう話した。

「そうですね、新大久保はまず、外国人が多いから、外国人扱いされないです。ですから差別とかはないです。他のところも差別はないと思いますけど。もう一ついいのは、こっちは各国の食堂がある。選べるんですね。しかも安い。中国だったりネパールだったり、国籍不明なものもありますね。いろんな国の料理を食べれるので、その国に行かなくてもね。また、その国の人も接客してくれるので、面白いですね」

さまざまな生活拠点を経て新大久保にたどり着いた李さん。生涯日本で暮らしてもいいし、他の国にも行ってみたいとも話す。今後どのような場所へ行くのだろうか。

変わらない肌色、2時間30分の距離、なのにこんなにも違うのだ

日本と韓国、地理的に近いし、同じアジアだけど、李さんの中で、違うところはたくさんあるようだ。まずは、料理についてだ。

「韓国では料理屋さんに行くとつまみがくるかと思うんですけど、数が多くて。日本ではどんぶりだけだと、どんぶりだけだとか、うどんでも、ラーメンでも、それしか出ないから……、野菜が足りないし……」

最初に日本に来た時、食事には慣れなかったようだ。また、日本人の何か理解できないところありますかと聞くと……

「いっぱいあります！　沢山！」

李さんは迷わずそう答えた。

李さんは、家族旅行で、四国に行ったそうだ。

「同じバスで2泊3日旅行するのに、ほとんど挨拶もしない。韓国だったらまず自己紹介を40人全員にしてたりしますね。プライバシーを大事にしているのか、コミュニケーションが下手なのかは分からないですけど……」

李さんは、笑いながら、軽く首を振った。それは賛成でもなく、批判でもなく、ただ単に疑問を抱いている様子だった。

「日本の文化で好きなところはありますか」と聞くと、「そうですね、静かなところかな。どこでも静かですよね、電車に乗っても静かですし、うるさくないですよね」という返事が返ってきた。一方、韓国は真逆だという。

「うるさい方ですよね。日本に比べると。だからまぁ言い換えると、(日本人は)遠慮するんですよね、迷惑しないように。遠慮してるんですよね、みんな」

李さんは日本の静かなところや、日本人の遠慮の精神が好きなようだ。しかし、この日本の習慣の好きなところも、李さんにとって、乗り越えられない壁を作っているようだ。李さんは、休みの日に仲間とよく食事したり、ゴルフしたりしている。しかし、その仲間に日本人はおらず、全員韓国人だという。

「日本人の友だちはいっぱいできましたか?」と尋ねた。

「学校に通うときは友だちを作るいいチャンス。でもそんなに僕は大学では、深い友だちはできなかったですね。いくつかの友だちを作ろうとは思ったんですけど、表面的には友だちなんですけど、なんか、一歩踏み切れないというか。……集まってご飯食べて、今度家に招待します、そう言われても連絡はないですね。同じゼミに韓国人の留学生と日本人がいますけど、(卒業後)同じ韓国人同士の留学生は年に3、4回は会ったり、個人的に会ったりもするんですけど。日本人と一緒のときは年に1回くらいしかないかもしれないですね。個人的にはあんまり連絡しない……」

李さんは、少し寂しそうな顔でそう言っていた。日本人と深い関係になれない原因はどこにあるのかと聞いた。

「お互いに迷惑をかけたほうが深くなるんですけど、迷惑をかけないと思ったら深くはならないですね。ですから、うーん、割り勘するとそれっきりじゃないですか。奢ると、向こうも申し訳ないと思って、いつかまた誘ったりするんですね。だけど割り勘って、もう別に会わなくてもいいじゃないですか。お互いに迷惑していないから。そういうところですかね」

両国の文化の違いによって、地理的にどんなに近くでも、見えない壁はある。外国人の立場からみると、その文化を尊敬しているからこそ、その壁を乗り越えることがなおさら難しいのではないだろうか。

日本と韓国の間で、李さんは、たくさんの違いを感じつつ、その違いを認めて受け入れ、尊敬しながら生きている。

「もちろんそれは自分の基準で考えているからですけど、相手の基準ではそれが当たり前なのかもしれないです」

これが、李さんの答えであった。

韓国の国籍、日本の永住権

李さんは新大久保語学院という韓国語の学校を経営している。

日韓ワールドカップが開催された2002年、地域のためになにか役立つことができないかと、韓人会に韓国語講座の開設を提案した。募集定員10人のところ、20人の申し込みがあった。これはビジネスチャンスだと思い、新大久保語学院を始めた。

受講生は500〜550人で推移しているが、東京近郊の系列4校を含めると約1500人ほどだ。テキストは日本人に合わせた独自のものを使い、一般の書店でも購入することができる（2017年1月1日付『民団新聞』）。

学校での李さんの仕事内容は多岐にわたる。

「いろんなことをやります。給料の計算とか、家賃の支払いとか、費用の支払いとか、お金の出入りを管理したりだとか」

現在はまともに休みを取れず、ほぼ毎日仕事をしている。とはいえ、日本で生活する中で仕事や生活の面で、李さんは特に辛いと感じてはいない。

「僕は幸い仕事はそんなに悪くなった経験はないので、今まで順調で。ほとんどの日本人が優しいし。僕は日本はいいところだと思います。死ぬまで拠点を置いて。もちろん韓国は祖国だから、いつでも帰れるけども」

日本に来て良かった、と何度も感じるという。その理由について李さんはつぎのように述べた。

「生活するのに平和だし、日本に住むのはすごくいい」

その一方で、祖国である韓国も李さんにはもちろん大切な存在であるといえる。

「間違いなく、母国ですよね。もちろん、韓国も20年前に比べると、強くなってるので、頼れるところですかね。頼れるというか、もちろん、僕は、永住権をもっているけど、韓国の国籍は間違いないので、やはり、何かあるときは、韓国人ですね。ですから、頼れるところですね。ほら、何かあったときに、最後まで、韓国政府が面倒を見てくれる。韓国国籍だから」

現在も韓国には年5、6回帰っている。しかし、お子さんは学校に通っていることもあり、家族で帰国するのは年1回ほどだ。また、李さんの母は韓国に住んでおり、海外送金によって母の生活を支えている。

多文化共生の街、新大久保の実態とは

李さんは15年ほど前から新大久保に住んでいるが、15年前と現在の新大久保の違いについて、人口構成を挙げている。15年前の2003年は、現在より韓国人が多かったという。40%韓国人、35%中国人、その他の国の人が25%という印象であった。しかし、その人口構成は2011年の東日本大震災の影響で大きく変わる。現在は中国人が最も多く、ベトナム、ネパールのお店もよ

く見受けられる。

「新宿区っていっても、広いですね。ここの地域、新大久保、大久保、明治通り、この狭い範囲だと外国人は日本人の方より多いですね。だから共存している街ですね。多文化共生とも呼ばれているのですけど」

新大久保は多文化共生の街だと言われるが、李さんは新大久保に暮らす外国人の実態についてつぎのように語る。

「外国人は、実は、生きていくために必死な人が多いですね。たとえば、本国にいれば、人脈というものがありますね。外国人は、こういうのはないですからね」

日々の生計を立てるために必死に仕事をする外国人は、地域社会を考えたり、町内会でボランティアをするなどの余裕がないという。日本人は老後に年金を受け取る人が多いが、外国人は年金を受け取れない人も多いので、年を重ねても生計に余裕を生むことは難しい。その中でも、韓国人のコミュニティはいくつか存在し、李さんも活動している。李さんは来日する韓国人に対し、就職先を見つけたり、相談に乗るなどさまざまな形で力になっている。

多文化共生の街と呼ばれている新大久保でも、外国人と日本人の繋がりはいまだ薄いようだ。日本の一つの街である新大久保だからこそ成立する、外国人と日本人の支え合いこそが真の多文化共生といえるのではないだろうか。

（2017年8月　池田智美・小川麗奈・鈴木駿太・酒井 南・張 帆）

第11話 新しい人生を——日本でのチャレンジ

一度きりの人生、何を始めるにも遅すぎるということはない。悔いのない人生を送りたいと誰もが願うだろう。コリアンタウンとして知られ、多くの外国人が集まる新大久保。この新大久保には、それぞれの夢や目標を持った外国人がやってくる。呉知英《ゴ・ジヨン》さん(40・仮名)も、やはり夢や目標をもって来日した。しかし、その決意をしたのは、決して早いとは言えない、26歳の頃であった。

大切な家族という存在

呉知英さんは、現在韓国人の男性と結婚しており、小学1年生の息子さんがいる。息子さんは日本の小学校に通っているため、日本語を話し、漢字も読める。だが、家族と話すときは韓国語を使っている。韓国の実家には父母が住んでおり、弟二人も韓国にいる。

呉さんの父は幼い頃、朝鮮戦争を経験した。その後、ベトナム戦争では、兵士として参加した。このため、国の功労者として国民年金以外に軍人年金も受給している、今はこれらの年金と弟二人の仕送りで生活している。

長弟は中国への留学経験がある。彼は国語の先生として学校に勤務する一方、中国語にはまり、今では外国語を専門的に勉強できる高校でも中国語を教えている。末弟はソウルで公務員として働いている。呉さんは長弟を「上の子」、末弟を「末っ子」と呼んでいる。

「うちの上の子は中国語ペラペラで、逆に私は日本語、だから私はうちの末っ子は韓国語って言ってます。半分冗談で」

皆それぞれ頑張っていて、とても仲の良い姉弟なのだと感じた。呉さんは、韓国には年1回の頻度で帰っていた。だが、今は息子さんの小学校があり、夏休みの期間しか帰れないため、思うように帰省できていない。

呉さんは韓国の横城《フェンソン》で生まれた。横城は韓牛《ハヌ》という肉の産地として知られている。横城では、毎年10月初旬に「横城韓牛祭り」が開催されていて、とても人気があり、多くの人が訪れる。韓国の首都、ソウルの東側に位置しており、ソウルから横城までは、車で約2時間の距離である。

親には言えなかった日本への留学

呉さんは実家の横城から車で1時間くらいの距離にあり、「冬のソナタ」の舞台として知られている春川《チュンチョン》の大学に進学した。専攻は、新聞放送学科。日本でいうマスメディアやマスコミュニケーションを学ぶ学科である。大学を卒業後、大学で学んだことを生かすために、ソウルにある出版社に就職をした。だが、しばらくして日本に留学をするために退職した。

呉さんははじめから日本への留学を考えていた訳ではなかった、大学時代、英語が勉強できるという理由で、カナダへの留学を希望していた。しかし、留学費用の高さといった金銭的な問題と当時のアジア通貨危機の影響により断念することになった。それでも、海外に留学したいという気持ちは、社会人になっても消えることはなかった。

「韓国の生活も仕事して色々やってたんですけど、ちゃんと生活して一回変わりたいという気持ちがあって、挑戦というか」

そう思っていても、日本に留学をしようと決心するのは、それなりに大変だったと話す。その要因の一つに年齢があった。当時26歳だった呉さんは、母親に留学を打ち明けた時、「あなたの年なら結婚する年齢でしょ」と強く言われたそうである。

韓国では、当時、大学卒業後、就職して2年ほど貯金をしてから、だいたい25~26歳で結婚する人が多かった。

「だからあたし言わなかったんですよ。仕事やめて、ソウルの家の荷物をまとめて荷物を送るときに言ったんですよ」

呉さんは無邪気に笑って、こう話した。家族がどのような反応をするのかを分かっていたのか、留学一カ月前のギリギリまで打ち明けなかった。その後、遊びではなく真面目に勉強をしに行きたいという思いを伝え、留学の許しを得ることができた。

呉さんは日本に来る前に仕事をしていたので、その時の貯金を使って留学した。日本語を学びたい、ただただ勉強しに行きたいという一心で、日本への留学を決意した。

日本への興味をもったきっかけは、ドラマとアニメ

そんな呉さんが日本に興味をもち始めたのは、社会人になってからであった。

「日本語のドラマを観ながら、アニメーションを観ながら結構本格的に日本語勉強しようかなと思った」

字幕付きのドラマやアニメをたくさん観て、星三つや二つといった評価をノートに書きとめ、自分なりのランキングをつけていた。この時に多くのドラマなどを観ていたことが、日本語の会話の理解につながったという。

渋谷や新宿、池袋などの遊ぶ場所や誘惑の多い都心の日本語学校は避け、板橋区のときわ台にある淑徳日本語学校に進学を決めた。日本に来てからは1週間で鉛筆が小さくなるほどひらがなやカタカナの練習をしたと、当時、熱心に勉強に励んだ様子を話してくれた。

そのおかげで、奨学金をもらうためのテストでクラス1位をとった。その努力は凄まじいものであったと安易に想像できる。呉さんの学ぶことに対する向上心の高さに尊敬の念を抱かざるを得ない。

自分が外国人であるということ

日本に来てから、日本語学校を卒業した後、大学院の修士課程で2年間学び、神保町にあるアニメーションなどのフィギュアを作る会社に勤めた。

「ちょっと日本の仕事は楽でした。自分の仕事だけすればいいから」

経験したことのある人にしか分からない、韓国と日本の仕事のしかたについて話してくれた。『報連相《ホウレンソウ》』。韓国でも言うけど、そこまでしない。日本は見積書や報告書などデータとして書いて残すものが多く、きっちりしている」

慣れない土地の知らない文化のなかで生活するには、相当な苦労があったに違いない。特に大変だったのが、不動産の契約だった。新宿区は外国人が多く住んでいるからよいところだと友人に勧められたが、それでも住める物件がまったく見つからなかった。

「不動産屋に行って何回も相談して何軒も行ったけど、ダメダメダメと言われて。外国人だからダメ、子どもがいるからダメと言われて。全部拒否されたのが10軒以上ですよ」

当時の苦労を思い出したのか、呉さんは少し強めの口調で言った。契約の際の保証人は日本人でないといけないと言われ、外国人が日本で生活をするうえでの厳しい現実を突きつけられた。不動産の契約だけでなく、携帯電話の契約でも自分が外国人であるという壁に当たってしまう。一度も料金を滞納したことがないにも関わらず、乗り換えをしたときに携帯電話の機種料金を分割で支払うことが出来ないと言われ、10万円以上を一括で払わざるを得なかった。

日本に生活する外国人が一度は必ず経験するはずの自国との習慣の違いや、国籍の違いにより生じる問題のすべてを自分一人で解決するのは難しい。それでも日本で暮らしたいと願う人のために、少しでも生活を快適にするためのサポートをより充実させる必要があるのかもしれない。

年号という面倒なもの

呉さんは、昭和52年の6月2日に生まれた。

「『昭和』っていうのも、覚えることが大変だったんですね。西暦で1977年といえば分かるんですけど、日本では『平成』とか『昭和』とか『明治』とかじゃないですか。それを覚えるのが変だし、それを書くのも変。そこからまず外国人は大変なんですね」

呉さんはこのように、日本と韓国との違いを話した。2004年10月に日本語学校に入学して以来、在日14年になるので、さすがに慣れたそうだが、最初は日本独特の慣習に戸惑うこともあった。

異国の地での同郷の人との繋がり

呉さんは現在の交友関係について語った。

「大学の友だちとは結婚して2、3年目ぐらいまでは交流はあったが、今はない。民団体という日本に住んでいる韓国人の集まりがあって、結構この方たちとは交流がありますね」

民団体とは、日本に住んでいる韓国人のコミュニティであり、民団体には二つのタイプがある。一つはオールドカマーの集まり（民団）で、二つめはニューカマーの集まり（韓人会）だ。呉さんはニューカマーの団体にいる。そして、この民団体の集まりの中で、呉さんは現在の旦那さんと出会った。

「日本で仕事をしているうちに、民団体の中のボーリングの集まりで仲間として出会って、そこで恋愛に発展して結婚しました」

実際このようなケースは多いらしく、ボーリングの集まりの中で結婚したカップルは、呉さん含め5組ある。ボーリングは他のスポーツよりも落ち着いて会話がしやすく、恋愛に発展しやすい。そして今でもそこで知り合った人たちと家族ぐるみで交流している。

知らない地での同じ国の人たちとの交流は、必要以上に気を遣うこともなく、心安らぐ時間を過ごせるに違いない。こうした繋がりは、日本で暮らす外国人にとってとても重要なものである。

韓国語で話すこと

韓国出身の呉さんの旦那さんも、在日14年ほどだ。結婚式は、韓国であげた。結婚した時には、すでに妊娠しており、出産するまで韓国の実家にいた。日本に戻って来たのが、2010年11月であった。その4カ月後に東日本大地震が起きた。日本での震災の情報は、韓国にいる家族の元にも届いた。

「韓国も大変だったらしくて、日本で連絡取れないから。うちの実家も大変で、連絡したけど問題は弟が『いや地震はいいけど原発とか大変だよ』って言われて。地震が起こってその3日後に韓国に行きました」

息子さんはまだとても小さく、息子さんのことを考えたうえ、震災後はすぐに韓国に戻ることにした。

「私のまわりで、韓国人の中で、半分ぐらいそのとき帰りました。もう日本ちょっと不安って人たちがやはり多かったし、韓国の実家の人たちが、仕事あるんだから韓国で生活しなよって」

しかし、呉さんは息子さんが1歳になると、すぐに日本に戻ってきた。韓国はまだ経済的に大変で、日本の方が仕事はたくさんあり、生活もしやすいというのが理由だった。

日本に帰って来た後、息子さんを保育園に預けるようにした。そして現在は日本の小学校に通わせている。日本語はとても上手で、日本人夫婦のあいだに生まれた子どもと変わりない。呉さんの息子さんは電車が好きで、駅名を覚えていたら漢字も覚えるようになり、同い年の子どもたちよりも漢字が読めるようになった。

呉さんは息子さんに対し、家族間で会話をするときは、韓国語で会話するようにと教えている。そうでないと韓国語が話せなくなってしまうからだ。だが、もう一つ理由がある。韓国語を使うのは恥ずかしくないと思わせるためである。

「うちの子の周りの子は、なんてしゃべってるのって、韓国語分からないから聞くんです。そこで恥ずかしいと思っちゃいけないかと思って、韓国語を喋るのが」

呉さんは息子さんに対し、日本語も韓国語もできるバイリンガルだから自慢に思いなさいと教えている。また、息子さんが韓国人であることを理由に周りの子どもたちに何か言われたりした時に、別に韓国人であることを卑下することはないよう、誇りに思えるように、韓国語を使わせている。

新大久保にはチャンスがある

呉さんが新大久保にはじめて来たのは、大学院生だった2000年代中頃であった。日本語学校にいたときは、遊んで学業がゆるまないように新大久保には来なかった。だが、その後、多少の余裕ができたため、友だちづくりのために新大久保に通い始めた。

「以前はいわば、おばさんたちが本当に多かったが、韓国のアイドルが10代、20代の若者たちを中心に日本で大流行し、アイドルショップが増えた」

呉さんは、このように当時の新大久保の印象の変化を話す。若者向けのコーヒーショップも増えたらしく、若者の街と化していることがわかる。呉さんは当時、月に2、3回新大久保を訪れていたが、来るたびにこうした変化が見て取れたという。

またここ数年でも変わり始めていることがある。

「新大久保に住み始めたのが5、6年前なんですけど、新大久保は変わりましたね。韓国人は日本人と見分けつかないけど、タイとかベトナムとかフィリピンは外国人ということが見てわかる。韓国人だけじゃなく、アジア人が増えたんだということが私には本当に体感できる」

続けて呉さんは今の新大久保についてこう語った。

「東京の中でも新大久保は変化している。昔はコリアンタウン言ってたけど、今は新大久保独特の文化がある。店のオーナー、ビルの家主も外国人が多い。他のところは行けないけど、ここならできる。外国人にチャンスがある」

新大久保の外国人に対する寛容性と可能性について語ってくれた。

今までとこれから

呉さんの子どものころの夢は、弁護士だった。今考えたら弁護士になった方がよかったかもと思い、少し後悔することもあるそうだ。勉強は苦労するけれど、弁護士になった方がやりがいがあり、結果がでれば、ずっと自分のやりたい弁護士の仕事ができるからである。

「みなさんはまだ若いからわからない（かもしれない）けど、私10年前だったらもうちょっと勉強しないとな〜と思いますよ」

この言葉に、考えさせられることがたくさんあった。

最後に、今後、日本に住み続けるのかどうかを聞いてみた。呉さんは、旦那さんと話している中で、今は韓国に戻る予定はないという。

「夫も私も日本で働いてるし、今そこまで日本で嫌なこと、3年前くらいは苦労したんですけど、最近はやっと落ち着いたなという感じ。引っ越しもしたし、色々と生活が整った感じがしたんですよ」

40代になると、韓国に帰るとしても資格を持ってないとなかなか仕事の再スタートが難しいという。だから、韓国には簡単に戻れない。日本では今の生活に満足しているし、韓国と日本はわりと近いので、日本でしばらく生活していく。

息子さんが生まれてから、最初は子育てをしながらアルバイトをしていた。だが、フルタイムの仕事をしないと経済的に厳しいと思い、本社が韓国にあるＩＴ会社で3年以上働いていた。その会社には日本人と韓国人の両方の社員いて、その両者のあいだで通訳や翻訳をするという役割を担っていた。

もちろん興味のある仕事だったため、そこで働いていた。だが、もともとは内定をくれた会社ならどこでも喜んで入社するという気持ちだった。したがって、自分でこの仕事がしたいと強く思って選択したわけではなかった。

その後、本当に自分のやりたい仕事を新しく始めたいという理由で、勤めていた会社を辞めた。現在は夫の仕事を手伝っている。とはいえ、手伝いをしている中で、やはり自分自身の仕事をしたいという思いが沸き上がり、今は求職中である。

「20代じゃないし、40代になると、こういうチャンスってなかなかないので、わざわざ自分のほうでターニングポイントみたいな、挑戦してみてダメだったらまた戻るけど、そういうこともやってみたいと思って」

つねにチャレンジの気持ちを忘れない呉さんであった。

「自分なりの仕事をしたいと思ってまだ探してるんですが、どうするかはまだ。それで今ターニングポイントみたいになっているところ。今後何をするかは未定なんです。だけど、子どもとか教育のこと考えれば、最低6年は帰らないし、夫のほうも仕事に満足してるので、どうしたらいいのかな。まだわからない」

どんな未来になろうと、持ち前の行動力と明るい人柄で呉さん自身の道を切り開いていくに違いない。

（2017年8月　布施翔太・遠藤弥美・梅崎優妃・田辺愛実）

第12話　私が探していたマイライフ――今はあくまで通過点

かつてコリアンタウンと呼ばれたこの街は、時代が進むとともにさまざまな国籍の人たちが日本での成功を求めにやってきた。この街は在日外国人にとっての新たなる一歩を踏み出す場なのかもしれない。

のんびりとした環境で

新大久保で韓国人向けのフリーペーパーを制作しているファン・キソンさん（47）は、1969年3人兄弟の長男として生まれた。ファンさんが生まれ育った金堤市《キムジェ》は、ソウルから高速バスで3時間半程度の人口約12万人の小さな都市だ。朝鮮半島南西部の全羅北道《チョルラプット》に位置し、韓国で唯一地平線が見えると言われている万頃平野《マンギョンピョンヤ》を抱えているこの地域は、古くから穀倉地帯として知られている。そのため米作りがさかんなほか、果樹栽培も行われている。

ファンさんの父（79）と母（70）は今もファンさんの生まれ育った家に暮らしており、ともに高齢のため、現在は仕事をしていない。ファンさんの二人の妹のうち、長妹は現在ソウルで公務員、末妹はソウルから電車で1時間ほど離れた大田《テジョン》で会社員として勤めている。

マクドナルドさえない田舎の街で育ったファンさんの実家には畑があり、きゅうりやなす、唐辛子などを育てていた。育てた野菜でキムチを作り、チゲや鍋などにして食べていた。畑で育った野菜中心の食生活であったため、本格的な肉料理を食べ始めたのは大人になってからだった。

ファンさんは、中学生のとき、第二外国語として1年だけ日本語を学んだ。

「そのときは日本語が一番多かったんですよ」

現在は英語を別にすれば中国語を選択する人が一番多いというが、ファンさんが中学生だった1980年代は日本語に関心をもつ若者が多かった。ファンさんは当時を振り返って、日本の経済的な影響力が強かったことが、大きな要因だったのではないかという。

「商売とか経済面でも日本との関係が結構あったと思う」

避けられぬ道

韓国で思い出に残っている出来事を聞くと、ファンさんは約3年間の兵役について語ってくれた。19～29歳の間に最低2年間つかなければならない韓国の兵役において、ファンさんは38度線近くまで行き訓練した経験をもつ。兵役期間のうち約5カ月間は、女性との接触がなかったと語るファンさんにとって最も過酷だったのは、ガス兵器の訓練だった。

兵士たちは皆ガス室に入れられ、マスクを装着せずに何分か我慢するという訓練だ。中には涙を流す人もいた。ファンさんをはじめ多くの韓国人男性は、この兵役を機に、こうした苦労を乗り越え、人間的に成長できるという。

「結構厳しいですけど、でも、精神的には強くなる部分があって、韓国の場合、男は軍隊に入る前と除隊した後、結構変わっちゃうんですよ、人が。2、3年くらい経験すると責任感ができたり、もっとなんか辛い経験も乗り越えることができたり(するん)ですね」

過酷な環境下ではあるが、多くの韓国人男性にとって兵役期間は人生のターニングポイントなのかもしれない。

ここで一生を過ごしても……

ファンさんは韓国で福祉系の大学を中退した後、ソウル市の公務員として勤務していた。しかし安定した職に就いていたにも関わらず、わずか3年で退職した。当時の韓国では長男が家を継ぐことがほぼ当たり前だったため、一人息子であるファンさんのこの行動に対して両親は猛反発した。

「家族についてのお互いの結束力みたいなのは、日本よりは韓国の方があるかもしれないです。それで、私みたいに長男が、家族の責任をもっていかなきゃ、それはありますね」

しかし、ファンさんは両親の反対をなんとか押しきる。狭い世界の中で生まれ育ち、広い世界を見たかったファンさんにとって海外で生活をおくることが夢でもあった。

「海外旅行も中国ぐらい1回行ったことはあるんですけど、あまり、行ったことはないし、それで、公務員入っちゃたったら大抵、ずっとソウルで働いて、辞めて、もう60歳70歳なると思うんですね。それがちょっと、なんかもったいない、韓国で生まれて韓国で働いて韓国で……、それがなんかなぁ」

ファンさんは当初、2~3年海外で経験を積むという意味でヨーロッパに行こうと計画した。だが、周囲からかなり反対されて断念した。そこで母国で何かあった時のために、すぐに戻れるように、隣国である日本に目を向けた。

もっとも、日本語は中学生の時に第二外国語として1年間学んでいた程度であった。しかし、韓国から一番近いという地理的条件やファンさん自身が日本で学びたいという意思があったため、妻とともに日本行きを決断した。こうしてノストラダムスの大予言と世紀末ブームに揺れていた1999年の夏に来日した。

支えとなる存在、そして感謝

ソウル出身であるファンさんの妻は、ファンさんとは対照的に裕福な家庭で育った。不自由ない生活を送り、海外にはほとんど行ったことがない妻は、結婚したファンさんの突然の日本行きに驚きを隠せず、心の準備ができていなかったという。日本に住み始めても、慣れない環境、慣れない生活、言葉の壁に地元とは違い、かなり大変な思いをした。そんな日本に行く気が薄かった妻が自分のところに付いてきてくれたことにファンさんは日々感謝している。

ファンさんには、新宿の韓国学校に通う高校1年の娘さん、公立の中学校に通う中学1年の息子さんがいる。娘さんは韓国で生まれた後すぐ両親と来日し、息子さんは日本生まれ。二人とも人生のほとんどを日本で過ごしており、大学進学・就職先も日本を希望している。

ファンさんの子どもたちは日本育ちのため、友だちも日本人ばかりである。家では韓国語で会話をしているが、子どもたちは韓国語があまりできない。親子で日常的に使う言語が異なるという環境は、私たちにはなかなか想像できなかった。

20年経っても変わらない、引っ越しの不自由

ファンさんは、来日してから20年ほどで7〜8回引っ越しをした。最初に住んだのは、葛飾区の金町である。

「家賃が少し安かったんですよ。日本語学校は日暮里ですけど、でも調べたらちょっと高いから」

来日後は日暮里の日本語学校で、ひらがなから学び始めた。そこには1年半通った。そこに通

える範囲で、家賃が安い場所が金町だった。来日直後は貧しかったため、夜は隣人のいびき声が聞こえるほどの小さな部屋に妻子とともに暮らしていた。

「でも、静かですよ、昼間は。何も聞こえないんですよ。（でも）夜は……」

ファンさんがそういうと、私たちは大笑いした。

その後、福祉の勉強をするために立正大学に入学した。ファンさんが通っていた大学のキャンパスは埼玉県熊谷市にあった。その後、再び金町に戻り、現在は新宿区に住んでいる。

「学生もそうですし、会社通ってる人も引っ越しは結構多いです。たぶん3年に1回は平均的に引っ越し（している）と思います」

ファンさんのように引っ越しの回数が多いことは、外国人にとっては珍しくないようだ。また、引っ越しをするたびに苦労もあったと語る。

「やっぱり外国人ですから入れないところが結構ありまして、今住んでるところも結構大変でした。例えばインターネットとかで調べるじゃないですか。この家、決めて連絡すると大抵50％くらいは断られたんですね。その理由が、うん、外国人……ですから。でもそうですね、20年くらい前よりは良くなったんですけど、まだ変わってない」

引っ越しの回数が多い外国人にとって、「外国人だから」という理由で断られるのは大きな問題であると感じた。引っ越しにはさまざまな手続きが必要であり、やむを得ず断ってしまっている不動産会社もあるのかもしれない。しかし、日本に来たばかりの人びとにとって、家が見つからないという精神的不安は計り知れない。

日本での経験を韓国へ

立正大学でのキャンパスライフは、長く続かなかった。

生まれたばかりの子どもと一緒に来日したファンさんの妻は、小さな部屋で一人、日本語ができないなかで子育てをしなければならなかった。韓国にいれば両親に子育てを手伝ってもらえたはずが、日本では夫のファンさん以外、頼れる人がいない。ファンさんは、子育てを手伝うために大学には行けなくなった。

この結果、ファンさんはアルバイトで家族を支えるようになった。韓国で公務員として働いていたころ、福祉関係の部署に配属されていた。そして、大学でも福祉を学んでいたことから老人ホームでのアルバイトを始めた。

また、衛星放送のアンテナ取付けのアルバイトも経験したそうだ。『冬のソナタ』をはじめとする韓流ブームのときであった。このブームにより有料多チャンネル衛星放送に加入する人が増え、仕事の需要が上がった。そのアルバイトでは面白いこともあったという。

「日本の一般の家庭も結構行きまして面白かったです。その人韓国に興味をもっているのがほとんどですから」

しかし、韓流ブームが落ち着いたことやスカパーのシステムが変わったことにより、仕事を変えることを考えた。そこでたどり着いたのが、現在のフリーペーパーの編集・発行の仕事であった。友人がフリーペーパーの仕事をしているのを見て面白いと感じたそうだ。5年前にファンさん自ら会社を立ち上げ、現在は3人の社員がいる。

「これはいろんな人と出会ったり、いろんな国の人とコミュニケーションがとれるからそれが良いところだなとは思います」

スカパーの仕事が減った時期に調べて始めた仕事であったが、フリーペーパーの仕事ならではの面白さも感じている。

これからやりたいことを聞いてみると、返ってきた答えは意外なものだった。いずれは韓国に戻って仕事をすることを望んでいた。日本で学んだことを韓国で活かすことを目指している。

「7番チャンネルでやっている『カンブリア宮殿』。けっこう見るんですけど、日本で流行ってることをやってるじゃないですか。韓国でもやってみたいなっていうのが結構あるんですよ。どんな方法で地域を活性させるのか。国と民間が協力して。韓国も同じ状況ですから。田舎でできればいいなと思っています」

日本でいう地方創生のような取り組みを韓国でも挑戦してみたいようだ。この話を聞いて、ファンさんの韓国に対する思い入れと熱心に学ぼうとする姿を感じた。

趣味でのつながり、仕事でのつながり――より良い〝多文化共生〟とは？

ファンさんの趣味は、パントマイムである。友人がパントマイムをやっていたことがきっかけで始めた。その関係で日本人と交流している。

また、現在の仕事の関係で日本人の書店員との関わりもある。ここには複雑な部分があるという。書店員も属している日本人の商人団体には、多文化共生に対してさまざまな意見をもつ人がいる。日本人だけで新大久保の街を活性化させたい人、韓国を始めいろんな国と協力して盛り上げたい人がいる。一方で、韓国人の商人団体もあり、そこでも多文化共生に対する意見は分かれている。中には、横浜中華街のようなコリアンタウンをつくりたいと考える人もいるそうだ。

「韓国の商人団体も日本の商人団体も、内部的にいろいろな考えの人がいるからそんなに協力はできていないんです。あと、政治的な影響を受けているところですし」

日本人も韓国人も、新大久保の街で生活していくためにさまざまな考えを持った人がいる。唯一の正解など存在しないが、どの国籍の人も気持ちよく生活できる街にするためにはまだまだ時間がかかるのかもしれない。

天使の住む街？　新大久保の過去と今

新大久保に会社をかまえ、新大久保近辺に住んでいるファンさんから見て、新大久保はどんな街なのだろうか。

かつてはコリアンタウンとして有名だった街が今はネパールやベトナムから来た人も増え、すっかり多国籍な街となった。そんな街では、観光客も多いとファンさんは言う。

「食堂やめて、ゲストハウスするとか、結構増えました。夜は歌舞伎町の影響もありますね。もともと新大久保に外国人が増えたのも歌舞伎町の影響だったと思います」

30年前までは新大久保は暗い街だったと聞くというファンさん。歌舞伎町関係の人がたくさん住んでいて怖いというイメージを払拭するために、日本の商店街振興組合が作ったキャッチコピーが「天使のすむまち」だ。ファンさんは最初、街の放送でそのフレーズが流れていたり、駅の高架下の壁に天使の絵があったりすることに疑問をもった。ただそんなPRのおかげもあってか、以前と比べてかなり明るく変化した街のこれからをファンさんは笑顔で語った。

「日本全国でこんなところないじゃないですか。日本、韓国、いろんな国……。それを活かせば面白い、特別な街になるんじゃないかなと思います」

文化の違いや考え方の違いで、衝突することもあるかもしれないが、何が普通かわからないというところに、この街の面白さがあるのかもしれない。

（2017年8月　安藤弘哲・笹目真子・長谷川美羽・古山風乃・星　彩香）

履修者による学びの振り返り

履修者には毎年最後の授業で、1年間の学びを振り返ってもらう課題を出している。全員の回答を読み、私は毎年1年間の調査実習が無事に終わったことを実感する。ここでは、履修者の回答の中でも、中国からの留学生のものをひとつ紹介したい。彼は幼い頃、イタリアに住んでいたという。その経験をふまえて、新大久保という街の特徴について書いてくれた。

私が、一年間で学んだことはさまざまな視点や角度から物事を見てみるということである。移民としての私はイタリアに十年住んでいた。例えばミラノの様な大きな町も新大久保と同じ外国人の街がある。しかしそこはただ外国人が集まっている「生活コミュニティ」だけで、本国の人々（イタリア人）はほぼその辺を見ていなかった。それは「生活コミュニティ」としては良いかもしれないが、「多文化コミュニティ」としては失敗だと思う。なぜなら、本国の人々との交流（食文化や伝統文化など）はほぼないからだ。

しかし、新大久保へ行ってみると、成功した「多文化コミュニティ」だと思った。新大久保駅を出て、他の駅との差異があまり感じられなかった。新大久保が韓国の街であると感じさせない。もっとも、ちょっと歩いてみると、さまざまな日本の店の看板の中で韓国や中国の店の看板が見えるようになっていたが、違和感はない、完全に街と統合されていた。街の中で、日本人と外国人はほぼ半分半分、日本人はよく韓国や中国のレストランに食べに行っ

Column 4

て、韓流ショップで買い物をする。つまり、日々この街で文化的な交流が行われている。これはもう新大久保の周辺に住んでいる日本人の日常生活の一部分だといえる。他の文化を受けて、理解して、自分の日常生活の一部になることが「多文化共生」だと私は考えている。新大久保はこの調子でうまく進めば、新しい文化が誕生するかもしれない。これが一年間の勉強と数日間の社会調査を経験して私が理解したことだ。

留学生は、自身がインタビュー対象者と同じ海外からの移住者である。こういった学生が班のメンバーになることで、日本生まれの学生だけで構成される班よりも、多角的な意見が生まれやすくなる。ここに引用した見解は、自身の経験に裏打ちされた説得力のあるもので、たいへん感心した。確かに、新大久保はホスト国の人々と移住者があまり分離されておらず、さまざまな出自の人たちが同じ空間を共有している場だといえる。

移民問題を語るときに、移民を受け入れる側をホスト、移住者側をゲストと称することがある。だが、今では新大久保に住むニューカマーの韓国人の滞在年数は相当長くなってきており、ベトナムやネパールといった新しい国の移住者を迎えるホスト側になっている。これは日本人や韓国人、ベトナム人やネパール人が同じ空間を利用しているからこそ生まれる現象である。こうしてさまざまな出自の人々が重なり合うことで、ここから新しい文化が生まれてくるかもしれない。

補章

新大久保をフィールドとした「社会調査および実習」の軌跡
――多文化共生に向けた生活史調査の授業運営方法

はじめに

本章は２０１７年から２０１９年の３年間実施した新大久保における「外国にルーツをもつ住民の生活史調査」の過程を事例とした授業運営の方法について記している。社会調査実習のような実習系の授業は、学外のカウンターパートや調査対象者の協力がなければ成立しない。とりわけ、比較的時間を要しないアンケートへの回答を求める量的調査とは異なり、長時間のインタビューが必要となる質的調査の場合、調査協力者との良好な関係を築いていくことが授業運営上の大きな課題となる。

このように考えると、調査協力者に悪影響を与えないよう、履修生の授業に対するモチベーションを高く維持し続けることに、担当教員はつねに気を配らなくてはならない。同時に、調査協力者にとって調査実習に協力することが有意義な時間であったと思ってもらえるよう、担当教員は授業運営の仕組みに配慮する必要がある。調査実習の授業において、履修生は目的を達成し、自ら成長したことを実感できるようになることが重要である。一方、調査協力者は履修生の成長のための手段として扱われてはならない。では、履修生の成長と調査協力者への恩恵という両方を同時に達成するよう配慮された授業を運営するには、どのような方法を採ればよいのだろうか。こうした背景を踏まえ、本章では授業運営の実践をふりかえる。

「外国にルーツをもつ住民の生活史調査」は、東洋大学社会学部の「社会調査および実習」という科目の1コースのなかで実施されてきた。同科目は一般社団法人社会調査協会が認定する社会調査士の資格取得に必要な科目のうち、「G社会調査を実際に経験し学習する科目」に相当する。したがって、学生たちは教員の補助のもとで、調査の企画および実施という社会調査の一連の過程を経験することが求められている。

授業の詳細は、次節以降で順次説明するが、3年間、調査を実施したことにより、さまざまな成果を生み出すことができた。第一に3年分の年次報告書である（箕曲編 2018, 2019, 2020）。これは学生たちが実施した生活史調査の成果を主に収めている。第二に同調査実習の経験をもとに作成した、二つのワークブックの出版である。一つは『チャレンジ！　多文化体験ワークブック』（村田他編 2019）、もう一つは『フィールドワークの学び方――国際学生との協働からオンライン調査まで』（村田他編 2022）である。これらはフィールドワークの方法を学生に学んでもらうための教科書である。本章はこれらの原稿の中に含められなかった授業運営の方法について、詳細に紹介している。[1]

日本国内における外国籍住民の増加にともない、多文化環境におけるフィールド実習は、大学教育において今後ますます重要になってくるはずである。本章が類似のフィールド実習あるいは社会調査実習を試みたいと考える大学教員にとって参考になればと願っている。

1　学内における協働

（1）スチューデント・アシスタント

本学部の「社会調査および実習」では、スチューデント・アシスタント（ＳＡ）の雇用が可能である。この雇用制度を利用し、２０１７年度は私の3年ゼミから一人、「新大久保の多文化共生」をテーマに調査研究している学生に調査実習の手伝いをお願いした。彼は前年度から新大久保をフィールドに調査していた関係で、カウンターパートのやり取りや授業時に班での議論のファシリテーションなどをお願いした。

調査実習はさまざまな関係者とのやり取りや、学生の主体的な取り組みが必要になるため、教員一人だけでは目が行き届かない。こうした授業ではＳＡの雇用は効果的である。この調査実習を履修したあと、3年次にさらに「新大久保の多文化共生」に関するテーマを深めたいという学生が出てくれば、SAとして雇用することで、教員、履修生、SAの三者にとって有益な成果がもたらされるだろう。

(2) 留学生

実習期間中、所属学科の全学生のうちの約7%が、韓国や中国からの留学生であった。この比率はおそらく今後、上昇していくはずだ。このような留学生に対し、新大久保をフィールドとした多文化共生の調査実習は、多くの学びを提供できる。

実際、留学生には新大久保の中国や韓国ルーツの人びとと日本人学生のあいだをつなぎ、インタビュー対象者の話を補足・解釈する役割を担ってもらえる。たとえば、対象者の幼少期の生育環境や現地の言葉による表現の仕方など、インタビュー対象者の話から引き出せる日本人学生からの疑問に留学生であれば回答することができる。

一方、留学生は、日本人学生による出身国に対する想定外の見方を知ることができる。日本人学生と協働することにより、留学生の出身国の社会や文化を振り返ってみる機会が得られるのである。「多文化共生」というテーマを掲げているからこそ、この調査実習の機会に、日本人学生と留学生の協働の可能性を広げていく必要がある。

調査実習の授業運営において重要なのは、学内の日本人学生および留学生、ＳＡといったそれぞれの立場の者がともにこの授業を通して役割を果たしつつ、何らかの学びを獲得する一方、学外のインタビュー対象者およびカウンターパートの方々にとっても、調査実習に関わることが有益な時間と感じてもらうことにある。以下では、その目標に結びつけられた授業運営の諸実践を記す。

2　授業の流れ――春学期

例年の履修者は20人程度となる本コースは、春学期と秋学期を合わせて30回の授業で構成される。本コースのシラバスに記した授業の概要と目的は、以下の通りである。

この授業では東京都新宿区の新大久保を舞台に、多文化共生に関する質的調査を行うことを目的としている。新大久保は今日、コリアンタウンから多国籍の人々が集まる多文化共生の街になりつつある。とりわけネパールやベトナムからの移住者が急増している。その中でこの街に住む人々を対象に生活史調査を行い、出身国と日本での生活の繋がりや日本での生活の課題などを明らかにしていく。調査にあたっては２０１４年より新大久保を中心に始まった新大久保映画祭の実行委員会や新大久保学習会といった組織とパートナーシップを築き、実際の多文化共生街づくりに参加していくことも想定している。本授業では、新大久保や多文化共生に関する基礎知識の習得から、調査方法の事前学習、調査計画書の作成までを扱う。（２０１７年度「社会調査および実習文Ａ②」）

以下では、１年間の授業の流れをパートごとに紹介していく。

（1）事前講義（春学期第1回〜3回）

調査に入る前に「新大久保」と「多文化共生」についての基礎知識をえる必要がある。このパートは履修生による文献の輪読といった方法も考えられるが、時間も限られているため、担当教員である私が講義する形で知識を共有していった。

まずＮＨＫで放映されたドキュメンタリー番組を視聴し、新大久保に住む外国人の具体的なイメージをもってもらうことにした。２０１７年度は新大久保のネパール人居住者に焦点をあてた30分の番組のみだったが、２０１８年度以降はこの番組に加えて新大久保図書館の多文化共生にむけた取り組みに関する番組も視聴した。

フィールドに出る前に映像を観ておくことは、現場での発見を自覚させるために重要である。事前に何のイメージもたずにフィールドに行ったとしても、自分の認識の基軸がないため、何がその学生にとっての「発見」なのかが、はっきりしなくなってしまう。「テレビではこう言っていたけど、じつは違うんだ」という発見を生み出すために、フィールドに出る前にあらかじめそのイメージをもってもらう必要がある。

さらに、フィールドの経験だけでは把握できない、新大久保のマクロな人口動態や歴史的変遷を理解するための講義を行った。本書にたびたび登場するカウンターパートの鈴木琢磨さんが集めた人口動態に関する統計データや、稲葉佳子著『オオクボ都市の力』（稲葉 2008）のなかの資料を用いて、新大久保の外国人居住の現状について講義した。2018年度以降は、この統計データをもとに私が執筆した紀要論文（箕曲・鈴木 2018）を履修者に配付し、講義の前に読んできてもらった。一方、「多文化共生」という概念について、日本の行政の中に登場した時期、概念普及の背景や過程などを解説した。同時に、「多文化共生」という概念がもつ問題点についても説明した。

（2）新聞検索（春学期第4回〜7回）

「新大久保」「多文化共生」「外国人労働者」という三つの用語の新聞紙上における表象のされ方について確認した。東洋大学では読売新聞社の「ヨミダス歴史館」、毎日新聞社の「毎索」、朝日新聞社の「聞蔵」、産経新聞社の「産経新聞データベース」、日本経済新聞社の「日経テレコン」といった新聞各社の検索システムが利用できる。5つの班にこれらの検索システムの担当を割りあて、過去の新聞や雑誌記事を集めてもらった（第一章のなかで、このときに集めた新聞記事の一部を引用している）。また、関連記事の量的調査も行った。各新聞紙上において、上記の三用語が登場した回数を年ごとに記録し、エクセルをつかってグラフにする方法を教えた。そのうえで、班ごとにつぎの三点にしたがってまとめ、発表してもらった。

1　新大久保における外国人が最初に話題となった時期と記事の内容
2　新大久保の外国人に関する記事の内容の変遷
　＊実際の記事の内容を引用するか要約するなどして具体的に証拠を示す。
3　新大久保の外国人に関する記事の量の変遷
　＊年ごとの記事の本数を示す。

さらに、留学生には出身国の新聞のデータベースがインターネット上で検索できる場合には、現地の新聞において「新大久保」がどのように言及されているのかを調べてもらった。私の1年ゼミではPC教室を使用し文献検索の方法を学び、班ごとにテーマを与えて資料収集をしてもらっているが、この調査実習でも同様の検索作業をおこなった。この結果、1年から受講している者は情報検索や収集、整理という基本的なアカデミックスキルを復習できたはずだ。

（3）新大久保エクスカーション（春学期第8回〜9回）

本格的な調査に入る前に、新大久保の街歩きを実施した。事前授業を終わらせた段階で、履修生の期待が高まった6月3週目の週末、履修生全員を連れて、新大久保を訪れた。第一の目的はカウンターパートの鈴木さんと顔合わせをすること、第二の目的は班ごとに街歩きをしてもらい、街を観察してもらうことにあった。

鈴木さんには先述の事前講義の時と同じ統計資料を用いつつ、自身の経験を踏まえて、新大久保の多国籍化の現状について解説してほしいと依頼した。鈴木さんの講演の後、履修生から積極的な質問が出なかったため、履修生全員から一言ずつ感想を求めたところ、予想以上に鋭い意見が出た。履修生の関心の高さがうかがえた瞬間であった。ここでは、履修生に事前講義や新聞検索で得られた知見を踏まえて、質問やコメントをするように促した。

写真補-1　エクスカーションの日の様子

その後、新大久保の地図を各班に配付し、鈴木さんのアドバイスをもとに、街歩きのポイントをいくつか紹介し、班ごとに街歩きのルートを決めてもらい、昼前に解散して各班街に出てもらった。この際、翌週から2回にわたって各班

15分の成果発表をするように指示した。成果発表ではパワーポイントを用いて当日撮影した写真を紹介し、印象に残ったことを説明するという課題を出した。

実際の成果発表の場では、各班とも「新大久保の多国籍化」というテーマをよく意識して、さまざまな国の文字が並ぶ様子や鈴木さんが言及していたゴミ置き場の様子をとらえた写真などを紹介したりしていた。ここで履修生が本授業のテーマを理解し、急激な多国籍化がもたらす課題にも目を向けられていることが確認できた（この成果は、第三章に収録している）。

（4）調査対象者探し

本授業では5つの班に分かれて、班ごとに時間を決めて新大久保の飲食店などを訪問し、各3人の調査対象者を探すように指示をだした。しかし、履修生だけで全15人のインタビュー対象者を探すのは難しいと考え、毎年何らかの対策を立てた。

2017年度は事前に鈴木さんの紹介を得て私が新大久保に赴き、内諾を得た4人の韓国籍の方々を各班に割り振った。しかし、それでも履修生のインタビュー対象者探しは難航した。ある班は訪問したすべての場所において調査依頼を断られた。こうした困難に直面した理由は、以下の三つが考えられる。

1．8月5～7日の3日間の午前中に集中して調査を行う予定にしていたため、こちらの都合に合わない人が多かった。

2. 当初2時間の聞き取り調査を依頼したが、接客をしている人にとって2時間も空けるのは難しく、仕事に支障をきたすと思われてしまった。

3. 想定以上に日本語でのやりとりが難しく、2時間の聞き取りに対して、相手の方が自信をもてなかった。

当初は韓国、中国、ベトナム、ネパール、タイなど5カ国程度の方々に満遍なく調査の依頼をしたかったのだが、その目論見は非現実的だと分かった。結局、本学科でネパール地域研究を専門とする先生や、履修生の中にいる韓国からの留学生のツテに頼って、何とか11人の方に調査を依頼することができた。

２０１８年度は、鈴木さんの紹介で知り合った新大久保商店街の事務局長、武田一義さんに商店街主催の「インターナショナル事業者会議」に参加させてもらい、会議のメンバーである外国ルーツの方々にインタビューの打診をした。しかし、それでも十分な人数には達せず、後述する「夏季集中講座」の期間内に集中してアポ取りをした。結果的に、13人の方から話をうかがうことができた。また、２０１８年度は昨年度の反省を生かし、履修生には以下のように伝えた。

1. 夏季集中講座の期間内にインタビュー調査ができなくても、後日日程を改めて話をうかがうようにする。

2．状況によっては、インタビュー時間を1時間程度に減らす（あるいは1時間を2回に分ける）。

3．ランチタイム後の空き時間を狙ってアポ取りをする（とりわけ飲食店は、午前中が忙しいため）。

2019年度は、鈴木さんに各班に一人くらいの対象者を紹介してもらう一方、履修生たちは各班二人の対象者を独自に探すことにした。

(5) 生活史調査の練習（春学期第10回〜12回）

本授業では調査の前にテーマに関する知識に加えて、調査法の知識を得るようにしている。このため、岸政彦他著『質的社会調査の方法』（岸・石岡・丸山 2016）の第三章「生活史」の部分を指定テキストとして、生活史の特徴や聞き取り方、まとめ方の三点について学んだ。

とりわけ生活史調査を行うにあたって、私が強調したのは以下の二点である。第一に、個人の語りに立脚しつつも、特定の社会状況や歴史的な出来事との関係性を見失わないように人生の経験の語りに耳を傾けるべきであること、第二に統計調査では明らかにしにくい社会の中の少数派の人びとに焦点をあてたいときに、生活史調査は有効な方法になることである。つまり、新大久保に住み働く外国人に焦点をあてる場合、統計調査（あるいは構造化されたアンケート調査）よりも、生活史という方法がふさわしいことを指摘した。

こうした生活史の特徴を踏まえたうえで、聞き取りの練習をするために履修生同士でペアになり30分程度の生活史の聞き取りを行い、翌週までにスクリプトをまとめてくるように指示した。この結果を授業内で振り返ってもらい、履修生たちは聞き取り調査のむずかしさを実感した。同時に、聞き取られる方の立場になることで、相手の立場を理解し、失礼にならないような聞き取り方を工夫してもらった。

なお、２０１８年度以降は前年度の反省を生かし、履修生への過剰な負担を避けるため、スクリプトの書き起こしは全体のうちの5分分だけにした。

(6) 生活史調査の準備（春学期第13~15回）

聞き取り調査の練習後は、実際の現場での調査に向けた準備である。生活史調査は対象者の人生の来歴全体に耳を傾けることを目的としているため、基本的に細かな質問項目を作る必要はない。しかし、はじめて調査をする学生には質問項目表があると安心である。インタビューの状況にのみこまれてしまい、おちついて冷静な判断ができず、聞き逃しがないように、あらかじめインタビューの流れをイメージさせる手段として質問項目表を作ってもらった。班ごとに話し合い、大項目、中項目、小項目に分けて、体系的に話が聞けるようにある程度の補助線を用意した。

大項目では家族構成、出身国での生活、来日前、来日直後、日本での生活といった区切りを用意し、それぞれの項目ごとにもう少し細かな区切りを用意し、最後に小項目として疑問文の形で個別の質問に落としていった（図補-1）。ここでは、新大久保の多文化共生とは異なるテーマで実施した質問項目表を履修者に配付し、それを応用する形で自分たちの目的にしたがった質問項目表をつくるように指示した。同じテーマのものを配付してしまうと、たんにそれを真似するだけになってしまい、主体的に質問項目表をつくる動機を失わせてしまうからである。偶然、3～4年ゼミ履修生が作成した別テーマのものがあったのを利用したのだが、この方法は学びの応用力をつけるのに役立ったはずである。

もっとも、このような単純な一問一答形式の質問項目表を用意することで、型にはまったインタビューになってしまい、インタビュー対象者の語りに耳を傾けられなくなる恐れもある。しかし、初めてインタビューする学生に臨機応変な対応を期待するのは難しい。

とりわけ人類学のフィールドワークでは、その場の状況に合わせて柔軟に対応する力を養ってもらうために、あえて質問表をつくらずにインタビューにいくことを奨励することもある。もっとも、インタビューの機会が何度もあり、徐々に関係を築いていく期間が確保されているのであれば、わざわざこのような質問項目表はなくてもよいだろう。しかし、今回の調査実習の授業期間の制約やインタビュー対象者の都合を考慮にいれると、インタビューできる回数はせいぜい1～2回である。こういった場合は、事前に具体的な質問まで考えておく方がよい。

ただし、重要なのは、これはあくまでお互いのやりとりを円滑にするためのガイドラインにすぎないということだ。この点を学生に何度も伝え、できる限りインタビューの現場では、一つの質問から話を膨らませて、インタビュー対象者に語ってもらうように工夫してほしいと促した。

2　インタビュー項目

何を知りたいのか（概念）	どのようにそれを知ろうとするのか（指標）	具体的な質問
本人の情報	生年月日 生まれた場所 日本長期滞在開始年 宗教	・生年月日は？　おいくつですか。 ・どこで生まれたのですか。 ・日本に住み始めたのはいつですか（何年何月？） ・信仰している宗教はなんですか？
家族の情報	家族構成 家族の生年月日 家族の職業 家族の学歴 現在の所在地	・ご両親の生まれた場所はどこですか。 ・ご両親の生年月日は？ ・ご両親は今何をしていますか（職業） ・ご両親の最終学歴は？ ・ご両親は今どこにいますか？ ・兄弟姉妹はいますか？ ・兄弟姉妹の生年月日は？ ・兄弟姉妹は今何をしていますか？ ・兄弟姉妹の最終学歴は？ ・兄弟姉妹は今どこにいますか？ ・お子さんはいますか？ （・以下同じ）
日本滞在前の生活	最終学歴 職業 生活サイクル 趣味 宗教 夢 家族からの影響	・最終学歴は何ですか？ ・職業は何でしたか？ ・生活サイクルはどのようなものでしたか？ ・趣味は何でしたか？ ・信仰している宗教は何ですか？ ・どんな夢を持ってましたか？
日本滞在への過程	日本選択の理由 経済状況 学びたいこと 意志 不安要素	・なぜ日本に行こうと思ったのですか？ ・母国での経済状況はどのようなものでしたか？ ・日本でどのようなことを学びたいと思っていましたか？

図補-1　事前に作成した質問項目表（一部のみ掲載）

第13～14回目の時間において質問項目表の作成、第15回において発表および教員からのコメントや質疑応答を行った。なお、第15回では後述する「夏季集中講座」の詳細を案内し、その日までに質問項目表の修正を行っておくよう履修生に伝達した。

3 授業の流れ――夏季集中講座

本調査実習の山場は、この「夏季集中調査」である。8月前半の3日間、午前中に2時間かけて聞き取り調査を行い、午後に2時間かけて振り返りの時間をもった。この「夏季集中調査」に際し、先述の鈴木さんのオフィスの地下にある貸会議室を借りることができた。私たちはこの貸会議室に集まり、情報を共有しながら、各班が予定している調査先に出向いた。

このように3日間続けて集まったのには理由がある。調査日とミーティングの日が飛び飛び（週1回の授業内の振り返りを経て、しばらくたってつぎの調査の日が来るという流れ）になっていると、達成感やモチベーションを維持しにくくなる。そのため、調査→振り返り→調査→振り返り……と、3日連続して調査と振り返りを繰り返す方法を採用した。この方法により、履修生はすこしずつ調査がうまくいく実感をもち、達成感と自信が得られるのである。

午後の振り返りで、その日のインタビューの結果を口頭で発表してもらうのだが、そのとき、ある班は初日のインタビューでは、質問項目表の通りに聞いてしまい、一問一答のようなぎこちないやりとりになってしまったと暗い顔で感想を述べた。しかし、2回目には少し話が広げられたと、喜んで話すようになり、最後の3回目では「1回目とは見違えるようにうまくいった」と言うようになった。こういったケースは、多くの班にみられた。

はじめてのインタビューでうまくいかず悔しい思いをした班は、自主的に集まり反省会を行い、翌日の対策を練っていた。こういった光景が、毎年のように見られた。午後の振り返りで他班の結果を聞き、自分たちの結果を比べることになるため、どの班も他がよく見えてしまい焦るようである。

ちなみに、どの班も三回とも別の人にインタビューをしているため、日を追うごとに一人のインタビュー対象者との関係性が深まったわけではない。ほぼ初対面の方へのインタビューを3回繰り返している。[2]

「夏季集中講座」では、新大久保にいるからこそ会える人にゲスト講師を依頼し、初日の午前中には特別講義を行った。2018年度は新大久保図書館館長の米田雅朗さん、2019年度は新宿区区議会議員選挙に立候補した李小牧さんからお話を聞くことができた。

2018年度は米田さんを取材したNHKのドキュメンタリー番組を事前に視聴したうえでお会いし、多様なルーツをもつ人たちが集まる図書館づくりの成果と苦労を話していただいた。館内整理日には、図書館内を見学させてもらった。

一方、「歌舞伎町案内人」の異名をもつ李さんは作家でもあり、さまざまなインタビュー記事がインターネット上で公開されている有名人であるが、彼には自身の生活史を語ってもらった。鈴木さんの紹介により直接、話を聞く機会が得られたのは幸運であった。

4 授業の流れ──秋学期

(1) 生活史の草稿準備(秋学期第1回〜6回)

本授業では学術的に厳密な方法を踏襲して生活史調査の結果をコード化していくというよりも、一般の読者を想定し、魅力的に表現できるように、ノンフィクションの記事を参照した。「Yahoo!ニュース」では、「特集」というコーナーがあり、フリーライターが取材したさまざまな記事を流している。その中に「日本と国際社会」というテーマのもと、日本に住む外国人の生活に迫った取材記事があった。比較的まとまった内容で、見栄えがよく履修生には受け入れられやすい書き方だと思った。

その記事の一つ──「私はムスリムになることを選んだ──日本人女性たちの決断」──を、春学期第10回の「生活史調査の練習」のパートで紹介し、このようなイメージの報告書を書いてもらいたいと伝えた。記事の紹介を調査前である春学期のうちにしたのは、早い段階でゴールのイメージをつかんでもらいたかったためである。その後、秋学期の1回目にも再度、同じ記事を配付して、春学期のことを思い出してもらいつつ、データが集まったところで、ふたたびゴール

写真補 -2　KJ 法をつかったワークショップの様子

のイメージを明確にしてもらった。なお、2年目以降の授業では、前年度の報告書を配付しているので、それも参照できるようにした。

2019年度には、上野千鶴子著『情報生産者になる』（上野 2018）を参考に、KJ法を利用したインタビューデータのコード化を行った。各班一人分のインタビューの結果を付箋に文ごとに分解して書き出し、項目ごとにグループ分けをして、模造紙に貼った。その後、グループ間の関係をマジックペンで示し、報告書の流れをつくった。この作業に2回分の授業時間を使ったが、情報のコード化の方法を可視化しながら、集団で理解を共有できた点はよかった。もっとも、細かく文ごとに分解するほどの作業をしなくても、結果は同じだったかもしれない。しかし、このようなKJ法の仕組みを理解できれば、社会人になってから各自が実践できるのではないかと考えた。

（2）生活史の発表と修正（秋学期第7回〜13回）

秋学期第7回目から毎週1班ずつ、生活史調査の報告草稿を用意してもらい、発表とディスカッションを行った。履修生の多くは、見知らぬ他者に読んでもらうことを想定して文章を書いた経験があまりないはずである。今回の調査報告書は社会調査協会の規定により国会図書館に1部寄贈することから、誰でも読めるようになる点を強調し、他人に読まれても恥ずかしくない文章を書くよう履修生に何度も伝えた。この点で気を付けたのは、「つねに読み手を意識した書き方」である。

そこで、発表時にはパワーポイントを使わず、履修者が紙に書かれた草稿をそのまま読む形式を採用した。なぜなら、パワーポイント資料の作成は比較的上手な学生が多いものの、最終的にレポートを提出させると、残念な文章になっている場合がたびたび見られるからである。そこで、発表時に草稿を読んでもらい、それをもとに修正点を指摘するほうが、履修生の弱点を補ううえで望ましいと考えた。具体的には以下の手順で、1回90分の授業の中で生活史の草稿をブラッシュアップしてもらった。

(1) 各班3人の調査対象者の草稿の読み上げ（約20分間）
(2) 履修生全体で黙読し、「良かった点」「改善が必要な点」を列挙（約10分間）
(3) 班ごとに(2)で列挙した点を共有（約15分間）
(4) 班ごとに出された意見をまとめ、黒板に書きつつ、履修者全体に共有（約20分間）
(5) 教員からのフィードバック（約15分間）

5つの班があるので、これを5週間繰り返した。なお、(3)において、各回の発表班のメンバーが、各班に一人ずつ付き質疑応答ができるようにした。大人数のなかでは発言しない履修生であっても、少人数ならば活発な意見交換ができる。班によっては発表者が草稿読み上げ時には言えなかった裏話などを共有したりもしていた。

教員のフィードバック時には、誤字脱字など細かい部分まで含めて指摘し、次回の提出までに修正してくるように伝えた。班によっては、聞き取りが不十分な箇所もあり、可能であれば再度追加の調査をするように指示した。このような方法を採れば、授業時間内に教員が添削まで可能なので、報告書提出後の添削はほとんど必要なくなる。

この結果、出来上がった草稿の書き方は各班とも大きく異なることなく、比較的読みやすいものとなった。とりわけ草稿が出てきた際に私がこだわったのは以下の四点である。

①「タイトル」と「小見出し」

まず読み手が最初に目を向けるタイトルと小見出しが魅力的でなければ、読んでくれない。この点を意識してもらい、さまざまな文章のタイトルや小見出しを各自研究してもらいながら、自分たちの草稿が魅力的なものになるように促した。このように伝えてもすぐに誰でもできるわけではないが、中にはたいへん魅力的なタイトルや小見出しをつけてくれた班もあった。２０１７年度は、幸いなことに最初に発表した班の草稿のタイトルと小見出しが魅力的かつ実態をよく表したものとなっていたため、これを手本にするように伝えることができた。

②「地の文」と話の直接引用のバランス

直接引用ばかりでは読みにくいが、「地の文」だけでは調査対象者の発言のニュアンスが想像できない。この中間においてよいバランスで書けると、文章の流れがリズミカルになり、読み手に対する訴求力は上がる。履修生には、さまざまな文章を各自読み比べてもらいながら、草稿を書いてもらった。

③「〜らしい」「〜のようだ」の削除

聞き取り調査の結果を文章化するとほとんどの文末が「〜らしい」「〜のようだ」「〜という」という伝聞情報を記す形になってしまう。しかし、これでは文章が単調かつ冗長になる。そこで、これらの伝聞表現のほぼすべてをカットするように指示した。聞き取った結果の報告なのだから、読み手は伝聞であることを知っている。したがって、わざわざ「〜という」などと書く必要はない。この点を改善すれば、かなり文章はすっきりして読みやすくなる。

④視覚的情報など発言内容以外の情報の記載

インタビュー時の様子やインタビューした者が感じた印象など、聞き取った話以外の多様な情報を織り込むように指示した。インタビュー対象者の発言を引用した後は、どうしても「～という」といった単純な語尾が繰り返されがちだが、「～と笑って話す」「～と一つひとつ言葉を選びながら話した」といった表現に変えると、インタビューの様子が読者にも伝わり、文章のリズムもよくなる。ほかにも表情や、手などの身体の動きといった情報を組み込むことも、読者の想像力を喚起するので、できる限り入れるように伝えた。一方、「○○さんのこの言葉は、考えさせられるものがあった」といった表現のように、書き手の感情や思考を含めることでも、読者を文章に引き込むことができるので、活用するように助言した。

これらの文章表現上の技術は、私から履修生に一方的に伝えたものばかりではない。各班の草稿発表後に行ったディスカッションの中から履修生自身が気付いたものもある。例えば、ディスカッションの中に「タイトルと小見出し」や「『地の文』と直接引用のバランス」などのポイントが出ていた。私はその発言を拾い上げ、これらのポイントの重要性について補足説明しただけである。

このように、20人程度の学生がいれば自分たち自身で、読み手の立場からどういった書き方が望ましいのかを判断できる。このように導くには、手本となる複数の文章の用意と読解、および「読者としてこの草稿を読んだときにどう感じるか」といった問いを通した読みの方向性の規定といった事前の準備が必要である。その後、ディスカッションの目的を明確に設定したうえで、班ごとに意見を出してもらう時間をしっかり確保した。
なお第13回では、草稿発表時に出てきた加筆修正点について、どのように対応したのかを説明してもらった。この段階で、報告書はほぼ完成である。

(3) 生活史をもとにした考察(秋学期第14回)

生活史調査の報告が出そろった段階で、各自に簡単な考察をしてもらった。考察の仕方はいろいろありうるが、今回はもっとも単純なパターンとして、提出された10数本の生活史にある程度共通する部分と相違する部分を見つけてもらうことにした。

調査実習の授業であるため、考察にあまり時間を割くことはできない。しかし、せっかく自分たちで収集した情報なのだから、そこから何かを「発見」することを通して授業のまとめに代えたいと考えた。

授業では各自10数本の生活史の草稿を持参してもらい、読み比べながらメモを取る時間を設けた。実際、夏季集中講座時の振り返りや、秋学期の各班の草稿発表の段階で、履修生は何度も調査結果について話を聞いており、すでにそこでさまざまな意見が出てきている。したがって、履修生はある程度、各々の結果に対するイメージができた段階で、最後の考察を行っている。そのため、20分ほどの作業時間である程度の意見は出てきた。

これも班ごとに発表し、発言内容をすべて黒板に書いていった。それをもとに「共通性」と

「相違性」について、両方を関連付けながら、その違いが生じる背景まで考えてもらい、600字程度の最終レポートを提出してもらった。この際、以下の執筆のルールを指定した。

(1) 段落は200~300字で一つにする。
(2) 段落ごとに一つのトピックをあげる。
(3) 読み手にわかるように詳細な説明を入れる。

このパートでは大量の情報を処理する練習にもなり、頭を使ったと思うが、中には鋭い意見もあり、適切かつ妥当な知見が得られた。

(4) 授業全体の振り返り（秋学期第15回）

最後に1年間の調査実習を終えて、何を学んだのかを振り返ってもらった。その際、私が指示したのは、以下の三点であった。

(1) 調査の過程で何を学んだか。
(2) 調査のまとめの過程で何を学んだか。
(3) ここでの学びが将来にどのように活かせるか。

こうした振り返りの機会は、学びを定着させるために必須である。どの履修生も調査技法の学習を通して、どのような仕事をするうえでも役立つとされるコミュニケーションの技術（対象者とのアポ取りや接し方、話し方、訊き方、聴き方、お礼の仕方、読み手を意識した文章作成など）を習得するという裏のテーマをよく理解しているようであった。

おわりに

本章では、「新大久保の多文化共生」をテーマとした社会調査実習の授業運営の過程を描写し、履修生のモチベーションの向上および質の高い報告書の作成、履修生の成長を目指しつつ、インタビュー対象者との良好な関係の構築を達成するために私が実践してきた取り組みを説明してきた。簡単にまとめるならば、春学期は履修者に自分たちと異なる世界に生きる人の話を聞く楽しさを感じてもらえるよう、実際の調査に向けて徐々にモチベーションを高めていくことが念頭にあった。一方、秋学期はインタビュー対象者に調査結果を還元するという目標――つまり、楽しんで読んでもらうという目標――を設定をしたうえで、インタビュー結果をまとめる楽しさを感じてもらうように、履修生の意識を方向づけてきた。

このように3年間の授業実践を振り返りながら、私はもう少し改善の余地はあったと思うようになった。当初の予定では、この調査実習を教育実践のみにとどめるのではなく、私の研究にも結び付けたいと考えていた。研究との結びつきにより、カウンターパートとの関係を強化し、人脈を広げ、履修者に生活史とは別の角度から、新大久保の多文化共生の取り組みに参与できる仕組みを提供したかった。しかし、時間的制約により、この予定は実現しなかった。

3年間の生活史調査実習の試みは、これで終了となる。しかし、今後、同様のテーマに取り組みたいと考える方々が、本章の内容を通して有益な示唆をえたと思っていただければ幸いである。

［注］

1 本章は、箕曲（2021）をもとに加筆修正したものである。

2 なお、この3日間に3回の授業を実施したことになるため、秋学期の授業は3回分休講にして、その期間に調査結果をまとめておいてもらうことにした。また、2018年度は、この3日間の午後にインタビューを行えた班が少なく、翌午前中のミーティングで振り返りができた班は少なかった。インタビュー対象者の都合の良い時間に合わせるのを最優先させたため、この結果は致し方ない。

Column 5

ラポールなき社会調査の作法

質的社会調査を行う場合、調査者とインタビュー対象者とのあいだで「ラポール」を築くことが求められる。ラポールとは、信頼関係という意味だ。ラポールのない間柄のまま調査することは、インタビュー対象者を不快にさせ、トラブルを招きやすい。きっと読者の皆さんも初対面の人に根掘り葉掘りいろいろなことを聞かれるのは、気分のよいものではないと感じるだろう。

だが、実際には実習の授業は最大でも1年しかなく、インタビュー対象者の都合を考えると何度も会って信頼関係を築いてから話を聞くというのは現実的ではない。本来「ラポールなき社会調査」はリスクが多く、あまり実施すべきではない。しかし、だからといって、社会調査に触れる機会を学生に提供せず、社会調査の方法を座学で学ぶだけになってしまうのは残念である。したがって、対象者に会う機会が1～2回しかないという「ラポールなき社会調査」であったとしても、教員は相手に失礼のないように最大限配慮しつつ、学生がしっかりと成果をあげられるように配慮するべきだ。

以下では、新大久保調査において実際に学生に伝えたインタビュー対象者と円滑なやりとりをするノウハウと班の役割分担、インタビュー前後のチェックリストを紹介する。なお事前のアポ取りの注意事項などを含めて、詳細は（箕曲 2019，村田他編 2022）を参照してほしい。

Column 5

1　インタビュー対象者と円滑なやりとりをするために

①自分の話もする

インタビューの目的は、相手から話を聞くことである。こればかりが頭にあると、話を聞くことだけに集中し、質問ばかりしてしまう。だが、途中で調査者である自分の話をしてほしい。相手の話を聞いたことにより共感や発見があれば、それを声にだして伝えてほしい。ときには自分の経験を手短に話してみるのもよい。このやり取りがあって初めて、双方向のコミュニケーションになる。

②うなずく、くりかえす、感心する

相手の話を聞いて、適度なところでうなずいたりして相槌を入れる。これがやってみると難しい。さらに、相手から聞いたことを、「つまり、こういうことですね」などと、自分の言葉でまとめてみるのも、相槌の一つだといえる。また、「あ、そうなんですか」と感心してみせるのも重要だ。

③話の流れを前もってイメージしつつ、その場の流れで修正していく

あらかじめ、どういうことを、どういう順番で聞くかを考えておくことは重要である。そうしないと沈黙の時間ばかりになってしまう（沈黙は相手から言葉を引き出すうえで必要なときもあるが……）。しかし、それにとらわれすぎて、簡潔な一問一答のようなやりとりでインタビューを進めるのはよくない。話の流れ次第で、少し内容を深める質問をする。よくわからないところは遠慮なく、

「これはどういうことですか」と聞き返す。

④ときにはイエス、ノー形式の質問を入れる

たいていは「どのように」「どうだったのか」「なぜなのか」といった質問形式になるが、相手がどう答えていいかわからないときがあるので、その場合は「イエス、ノー」形式の問い（クローズド・クエスチョン）にして、その答えの真意を追加して聞く。

例：「日本に来た時に初めの印象は?」→「日本に初めて来たときは、言葉をわからなくて不安だったんじゃないですか?」（→この答えの後、不安な気持ちって、具体的に言うとどんな感じでしたか?、といった形で掘り下げる）

⑤班メンバーの役割を決める

チームでインタビューに行く場合は、「質問をする人」「メモを取る人」「話の流れを確認する人」を分けて、あらかじめ担当者を決めておこう。とくに「話の流れを確認する人」が重要である。インタビュー対象者の話の中で、つじつまの合わないところが出てくる可能性がある。例えば、来日して3年たって仕事を始めたと言っていたのに、後のほうの発言で出た仕事開始の年号が合わなかったりすることがある。誰しも覚え間違いや思い違いはある。質問者や記録者は自分の役割に集中しているために、話のつじつまが合わないことに気づきにくい。インタビュー後に気づいたとしても、

Column 5

対象者への確認が難しいときがある。こういうときに内容確認者がいれば、インタビューの最中に対処可能だ。

⑥現地の名称を正確に聞き取る

国外の人名や地名、店名は、はじめて聞く者にとって聞き取りづらく、誤って表記してしまいがちである。第四章で登場する人名や地名についても、履修生が当初誤って記載していたものもいくつかあり、後になって修正している。例えば、第四章第3話で出てきた「ミャンディ(Myangdi)」というネパールの地名(121頁)は、日本人には聞き取りにくい発音である。当初、学生はまったく異なった表記をしていたが、私がマッラさんに正確な表記を尋ねて修正している。このような誤記を防ぐには、人名や地名が出てきたらアルファベットや漢字で書いてもらうのが望ましい。

同じように、インタビュー中に出てきた料理や祭りの名称は、調査者側から積極的に聞くようにしよう。インタビュー対象者は、料理や祭りの名前を日本人である調査者に言っても知らないだろうと思い、現地の名称を言わないことがある。例えば、第四章第2話で出てきた「プエック」というインドネシア料理の名称も、当初は「小麦粉とピーナッツ、水から作ったインドネシアの煎餅」といった説明を受けたが、調査者はここで「現地でこの料理は何というのですか」と聞くとよい。同様に、「ダサイン」というネパールの祭り(110頁)や「ビグラム暦」というネパールの暦(165頁)なども、調査者側が確認を必要とする現地の名称である。この場合も、現地の表記を書いてもらうと誤解を減らすことができる。

Column 5

また、地名や祭りなどの現地の名称については、後日インターネットで検索し、どういった場所やどういった内容なのかを調べ、草稿のなかで追加の説明をすると読者の理解が深まってよい。グループで調査する場合、こういった現地の名称の確認は、先述の内容確認者の役目となるだろう。

2 チェックリスト

①インタビューに行く前

・インタビュー対象者と連絡先を交換したか？ □
・調査依頼書を渡したか？ □
・録音機材の動作確認をしたか？ □
↓インタビュー中も動作確認をする担当を決めておく。
・録音機材のバッテリーは十分あるか？ □
・インタビュー対象者の出身国の地図をもったか？ □
・質問の流れをイメージしたか？ □
・フィールドノートは用意したか？ □
・手土産を持参したか？ □

Column 5

②インタビュー後

・帰り際に感想を述べたか？ □

・内容確認のために連絡することがあると伝えたか？ □

↓再度、連絡先の確認。

・帰宅後にお礼のメールを送ったか？ □

あとがき

多文化共生や移民研究が専門ではない私が本書を刊行することには、ためらいもあった。実習授業で3年ほどしか新大久保に関わっていない私が書籍を刊行するのは、長年研究されてきた方々に対して失礼ではないか。あまりいい加減なことを書いて後で専門家から批判を受けないか。こういったためらいは、まったく解消されたわけではないが、少なくともこういう躊躇があったとしても本書を出版することには、一定の意義があると思えるようになった。

それは、新大久保の外国籍住民の実態や多文化共生に関する世間的な関心は相当高いのではないかと思い知った出来事が二つあったからだ。一つは、第二章のもとになった鈴木琢磨さんとの共著論文「新大久保地区における在留外国人住民の多国籍化」のダウンロード数である。一般的には数百回も行けば相当な回数だとみなされる大学紀要の論文であるが、同論文はどういうわけか、私が気づいた2019年の時点で東洋大学学術情報リポジトリから約8000回もダウンロードされていた（2021年8月28日現在、9290回）。（皮肉なことに）主著とは言えない同論文が、私の書いた文章の中で一番読まれているようなのである。

二つ目は、新聞社からの取材依頼である。自分の専門であるフェアトレードやラオス、文化人類学についてはいまだ新聞社から取材を受けたことがないのだが、新大久保の現状については、立て続けに2社から依頼がきた（依頼者は右記の論文を読んで依頼したのだろうが、新大久保事情は私の研究上の専門ではないので、どちらも丁重にお断りし、適切な専門家を紹介した）。これらの予想外の反応は、本書を刊行する動機の一つになったのである。

とはいえ、本書刊行の最も大きなきっかけになったのは、どこか応援したくなるようなインタビュー対象者たちの魅力である。本書に登場する12人の方々の話は、学生だったからこそ聞き出せたものもあるだろう。確かに移民研究の専門家であれば、あるいは各地域の専門家であればもっと深く掘り下げて話を聞くことができたかもしれない。しかし、一般の読者に伝わるような言葉が引き出せるかどうかは分からない。学生たちは人生の先輩である12人の方々に対して、真摯に学ぶ姿勢で話を聞いていた。いつ生まれて、どうして日本に来て、日本で何をしていて、これからどうしようと思っているのかといったごく一般的なことを聞いているにも関わらず、学生の常識を超える話が出てくるたびに学生たちはその話に感心して引き込まれていった。本書は、この学生の素朴な感心を読者にも共有してもらいたいと思って編集された。

こうして12人の生活史を並べて読んでみると、来日の動機から日本での苦労、今後の夢などが部分的に重なり合う人もいれば、まったく異なっていたりして、実にさまざまな人生があるのだと感心させられる。当初は韓国に出稼ぎに行くつもりが兄の代わりにビザを試しに申請したらすんなり取得できたために急遽来日することになったトリパティさん。片や、第二次世界大戦以降、短期間で経済大国にのし上がった日本を一目見てみたいという強い思いで来日したマッラさん。どちらもネパールからやってきた二人であるが、来日の動機も年代も違うものの、こうしてたまたま新大久保という同じ空間で働く者になり、本書に生活史が収録されることになったのは、何とも不思議な縁である。

また、12人の生活史の聞き取りからは、彼らが抱える課題も浮き彫りになった。フリーペーパー編集者のファンさんによれば、日本で生まれ育った自分の子どもたちは韓国語があまりできず、家庭内で韓国語を使うようにしていても、日常的に使用する言語が親子で違うという事態が起きている。この問題は彼の家庭だけに限らない。GMTインターナショナルのマッラさんがネパール人向け学校を設立しようとしたきっかけも、両親がネパール人であるにも関わらず、ネパール語が話せない若者に会ったことにある。

南アジア研究者の田中雅子は、滞日ネパール人の動向を調査したうえで、現在の日本の状況を「扉を閉じて、窓は開けっぱなしの国」と、正鵠を射たフレーズをつかって批判している（田中 2017)。日本政府は公式的には移民を認めず、戦略的な移民政策をもっておらず、移民への門戸を開いていない。だが、実際には私たちがこれまで本書を通してみてきたように、「留学」や「技能」といった資格を通して、たくさんの移住者が新大久保をはじめとする日本の各地域で生活している。こういった実態を踏まえて、日本に生まれた外国にルーツをもつ子どもたちが日本で不利な条件に陥らないような養育および教育支援が必要となる。本書の生活史では、このような移住者が抱える問題を直接的には扱ってはいない。だが、語られた内容を読むことで、私たちが彼らの生活とつながることにより、自分事として、これらの問題について考え、行動していかなくてはならないと感じた。

一方で、多くの人たちが希望をもって来日し、新大久保でビジネスを展開している様子は、学生に目を開かせた。授業終了時の感想のなかで、彼らの前向きな生き方に触れて、自分の生き方を見直す学生が複数出てきた。こうした出会いと気づきを提供できたのは、素直にうれしい。さて、読者はどういった気づきを得てくれるだろうか。

本書はこれから新大久保やほかの場所で、外国にルーツをもつ人びとを対象とした社会調査を行う予定の人たちにとって役立つものとなればと願っている。ただし、気をつけてもらいたいのは、新大久保の居住者や経営者、労働者のすべてが学生の調査に協力的であるとは限らないということだ。もちろん、身近な外国人に興味をもつことは重要である。興味をもって行動し、彼らと接点をもち、継続的なやり取りを経てより親しくなるのであれば、何もいうことはない。しかし、大学の授業のなかで調査を行う場合、1~2度話を聞くだけで、それきり会うこともないといった状態になりがちである。それを分かったうえで貴重な時間を割いてもらうには、私たちの誠意を見せる必要がある。つまり、相手の方の都合に合わせ、こちらの要求をあまり過度に押し通さない礼節が求められる。

ちなみに私たちの調査実習において、質問項目をあまり明確に設定せず、相手の方の人生の物語に耳を傾ける生活史を記録する形にしたのは、その方が学生たちの要求に相手を従わせる度合いが低くなると考えたからだ。生活史の記録であれば、インタビューを受ける方は自分の過去の経験を自由に話せる。

本書の刊行にあたっては、数多くの支えが必要であった。本書の中にも登場した申明直さん（熊本学園大学）、鈴木琢磨さん、新大久保商店街振興組合の伊藤節子さんと武田一義さんは、外国にルーツを持つ方々を紹介してくださった。また、インタビューにお答えいただいた12人の方々は、不慣れな学生たちの質問に快く応対していただいた。さらに、東洋大学社会学部社会調査実習室には、予算措置や報告書作成など授業期間中にさまざまな支援をしていただいた。もちろん、履修してくれた学生たちにも謝意を示したい。期待していたとおりの内容だったかどうかは分からないが、履修後も印象に残る授業になってくれれば幸いである。

また、東洋大学社会学部社会文化システム学科（現・国際社会学科）の先生方にも感謝したい。2013年の着任から2021年4月に早稲田大学に移籍するまで、8年間、「社会調査および実習」を担当させていただいたことで、実習科目の運営の仕方について試行錯誤することができた。同学科のディプロマポリシーや学生の期待、30回という限られた授業回数、2年生という配当学年、教員負担の多寡といった多様な要素をすべて考慮に入れた最適な授業をデザインするには、どうすればよいか。私は答えが一つではないパズルゲームを解くかのように楽しみながら——時にうまくいかず頭を悩ませながら——授業を進めてきた。

私は学生にとって簡単すぎず、しかし難しすぎもしない目標を設定するように心がけてきた。これは学生たちから日々のフィードバックをもらい、学生たちの様子を観察しながら、自分の感覚を微調整していくことでしか達成しない。この点で、今回の新大久保の調査実習は、そこそこうまくいったのではないかと思っている。

本書の刊行に際して、早稲田大学特定課題研究助成費（課題番号２０２１Ｃ-４４３）の支援を受けた。最後に本書の出版を引き受けていただいた明石書店の大江道雅社長と編集実務に携わっていただいた秋耕社の小林一郎さんには、大変お世話になった。心からお礼を申し上げたい。

［参照文献］

市野澤潤平・碇陽子・東賢太朗（編）（2021）『観光人類学のフィールドワーク――ツーリズム現場の質的調査入門』ミネルヴァ書房。

稲葉佳子（2008）『オオクボ都市の力――多文化空間のダイナミズム』学芸出版社。

上野千鶴子（2018）『情報生産者になる』筑摩書房。

川村千鶴子（2015）『多文化都市・新宿の創造――ライフサイクルと生の保障』慶應義塾大学出版会。

岸政彦・石岡丈昇・丸山里美（2016）『質的社会調査の方法―他者の合理性の理解社会学』有斐閣。

小林一郎（2014）『横丁と路地を歩く』柏書房。

申惠媛（2016）「「新大久保」の誕生―雑誌が見た地域の変容」『年報社会学論集』29:44–55
田中雅子（2017）「「扉を閉じて、窓は開けっぱなしの国」家族で目指す国　日本――滞日ネパール人の子どもの教育から考える」第30回日本南アジア学会研究大会発表資料。

永吉季久子（2020）『移民と日本社会――データで読み解く実態と将来像』中央公論新社。

原知章（2009）「「多文化共生」を内破する実践――東京都新宿区・大久保地区の「共住懇」の事例より」『文化人類学』74(1):136–155
樋口直人（編）（2012）『日本のエスニック・ビジネス』世界思想社。

南埜猛・澤宗則（2017）「日本におけるネパール移民の動向」『移民研究』13:23–48
箕曲在弘（編）（2018）『社会調査実習報告書2017』東洋大学社会学部社会調査実習室。

――――（2019）『社会調査実習報告書2018』東洋大学社会学部社会調査実習室。

――――（2020）『社会調査実習報告書2019』東洋大学社会学部社会調査実習室。

箕曲在弘（2019）「探訪する」村田晶子・中山京子・藤原孝章・森茂岳雄（編）『チャレンジ！　多文化体験

ワークブック――国際理解と多文化共生のために』ナカニシヤ出版。
――（2021）「新大久保をフィールドとした「社会調査および実習」の軌跡――多文化共生に向けた生活史調査の授業運営方法」『東洋大学社会学部紀要』58(2)：71–85
箕曲在弘・鈴木琢磨（2018）「新大久保地区における在留外国人住民の多国籍化――都市部の多文化共生を考える前に」『東洋大学社会学部紀要』53(2)：49–65
村田晶子・中山京子・藤原孝章・森茂岳雄（編）（2019）『チャレンジ！　多文化体験ワークブック――国際理解と多文化共生のために』ナカニシヤ出版。
村田晶子・箕曲在弘・佐藤慎司（編）（2022）『フィールドワークの学び方――国際学生との協働からオンライン調査まで』ナカニシヤ出版。

●編著者紹介

簑曲在弘（みのお・ありひろ）

1977年東京都生まれ

早稲田大学文学学術院准教授

専門は文化人類学、フィールド教育論。早稲田大学大学院文学研究科博士課程修了。博士（文学）。東洋大学社会学部助教、専任講師、准教授を経て、2021年より現職。著書に『フェアトレードの人類学――ラオス南部ボーラヴェーン高原におけるコーヒー栽培農村の生活と協同組合』（めこん、2014年）、『人類学者たちのフィールド教育――自己変容に向けた学びのデザイン』（二文字屋脩・小西公大との共編、ナカニシヤ出版、2021年）がある。

新大久保に生きる人びとの生活史
――多文化共生に向けた大学生による社会調査実習の軌跡

2022年3月31日　初版第1刷発行

編著者　箕　曲　在　弘
発行者　大　江　道　雅
発行所　株式会社 明石書店
〒101-0021 東京都千代田区外神田 6-9-5
電 話　03（5818）1171
FAX　03（5818）1174
振 替　00100-7-24505
https://www.akashi.co.jp

組 版　有限会社秋耕社
装 丁　清水 肇（プリグラフィックス）
印刷・製本　モリモト印刷株式会社

（定価はカバーに表示してあります）　ISBN 978-4-7503-5361-6